DU PACTE INTERNATIONAL
RELATIF AUX DROITS ÉCONOMIQUES, SOCIAUX ET CULTURELS
AUX PRINCIPES JOHN RUGGIE

Maître de conférences en droit privé HDR, Université Paris-Dauphine
Docteur en sociologie
www.mesheuressup.fr

Corrections : Jacques Amar
Mise en page versions papier et numériques : Libres d'écrire
Couverture : Libres d'écrire
Illustration de couverture : © Depositphotos

ISBN (version papier) : 978-2-37692-053-3
ISBN (versions numériques) : 978-2-37692-054-0

www.libresdecrire.com

Jacques Amar

www.mesheuressup.fr

DU PACTE INTERNATIONAL
RELATIF AUX DROITS ÉCONOMIQUES, SOCIAUX ET CULTURELS
AUX PRINCIPES JOHN RUGGIE

libres d'écrire

INTRODUCTION

Le présent ouvrage a pour objet de présenter les droits économiques et sociaux, c'est-à-dire une catégorie de droits dont la proclamation repose sur le constat suivant : *l'idéal de l'être humain libre, libéré de la crainte et de la misère ne peut être réalisé que si des conditions permettant à chacun de jouir de ses droits économiques, sociaux et culturels, aussi bien que de ses droits civils et politiques, sont créées* (Préambule au Pacte international relatif aux droits économiques, sociaux et culturels ou PIDESC).

Ce texte en date du 19 décembre 1966[1] parachève la construction de l'édifice international de protection des droits de l'homme commencé par la Déclaration universelle des droits de l'homme proclamée par l'Assemblée générale des Nations unies le 10 décembre 1948[2] et poursuivi par le Pacte international relatif aux droits civils et politiques conclu à New York le 16 décembre 1966[3] (PIDCP). Cet édifice contredit ainsi la critique marxiste des droits de

1. http://www.francophonie.org/IMG/pdf/Pacte_droits_economiques_sociaux_culturels.pdf
2. http://www.ohchr.org/EN/UDHR/Documents/UDHR_Translations/frn.pdf
3. http://www.ohchr.org/FR/ProfessionalInterest/Pages/CCPR.aspx

l'homme qui dénonçait l'hypocrisie accordée aux droits politiques en raison du peu de cas fait à l'égard des populations défavorisées. Tous ces textes sont à présent regroupés dans la Charte internationale des droits de l'homme et promeuvent ainsi un idéal fort dont la mise en œuvre dépend de la valeur normative des textes dans l'ordre juridique national des États.

Le présent ouvrage a pour objet d'apprécier cet idéal et d'en rendre compte d'un point de vue positif et sociologique en s'attachant dans un premier temps à préciser le caractère novateur de ces droits (I) et d'en exposer les principales facettes à partir de l'étude des droits énoncés dans le PIDESC (II). Dans un second temps, afin de mesurer la portée de ces droits, l'accent sera tout particulièrement mis sur le Protocole facultatif relatif aux droits économiques culturels et sociaux adopté par l'Assemblée générale de l'ONU le 10 décembre 2008 (PFDECS), le jour du soixantième anniversaire de l'adoption de la Déclaration universelle des droits de l'homme dont l'objectif est de renforcer la justiciabilité de ces droits (III). Une fois ce cadre exposé, nous situerons le pacte au regard des autres textes de droit social international et plus particulièrement de l'émergence des principes de responsabilité sociale des entreprises (IV). Nous conclurons par l'examen de la situation française à partir des arrêts rendus par les juridictions de l'ordre judiciaire et administrative et du rapport du Comité des droits économiques, sociaux et culturels publié le 23 juillet 2016. (V). A travers ces différentes étapes, il s'agira de rendre compte d'une évolution majeure du droit en l'espace de cinquante ans : ou comment un texte déclaratif à l'origine cantonné aux seules relations interétatiques tend à devenir une véritable source de droit pour les individus ; ou comment cette mutation oblige à présent à s'interroger sur une mutation plus profonde des règles de droit entre litige, différend et accommodements raisonnables.

Le présent livre a pour principal objet les textes adoptés par les Nations Unies ou les organes s'y rattachant. Les références aux autres corps de règles interviendront à titre annexe, soit à titre d'illustration de la pénétration des droits économiques et sociaux dans les droits internes, soit afin de rendre compte de l'interaction existant entre les différents ordres juridiques. Ce mouvement d'interaction permet d'expliquer la mutation de la matière : les textes définissant les droits économiques, sociaux et culturels relèvent généralement du droit international public au sens où cette discipline expose les engagements des États les uns vis-à-vis des autres ; à partir du moment où ils deviennent des instruments contentieux au bénéfice des personnes dans des contentieux privés, ces textes relèvent de branches du droit privé. Afin d'éviter une présentation partielle, nous essayerons d'articuler en permanence ces deux dimensions. Au préalable, il convient d'expliquer pourquoi la présentation ici retenue n'est pas dissociable d'une approche sociologique des droits de l'homme. Nous montrerons en effet qu'une société qui érige les droits de l'homme en référence permanente modifie en profondeur la teneur du lien social et simultanément la nature des liens de droit qui lient entre eux les individus.

PRÉLIMINAIRE :
Sur la nécessité d'une approche sociologique des droits de l'homme

Notre étude porte sur la matière juridique. Mais, elle ne saurait se limiter à une exposition, voire une systématisation des textes et de la jurisprudence. Elle part des limites du positivisme pour rendre compte des évolutions de la société et justifier ainsi une approche sociologique d'un phénomène social sur la base de son expression juridique.

Le positivisme se définit vulgairement par opposition au droit naturel. Faire du droit positif revient à s'attacher exclusivement aux mots utilisés dans les textes pour, à partir de leur interprétation, trouver une solution à la question de droit soulevée. Pour reprendre la présentation du philosophe L. Strauss : « *le positivisme affirme que la seule forme de connaissance authentique est la connaissance scientifique. La physique est le modèle de toute science et par conséquent en particulier de la science politique* »[4]. Il n'en va pas différemment en droit si ce n'est que le raisonnement prend pour

4. L. Strauss, *Sur « le Banquet », la philosophie de Platon*, éd. l'éclat, 2005, p. 12.

objet les textes. Très logiquement, une telle approche a peu à voir avec les enjeux sociologiques inhérents aux questions posées.

Il y a dans la technique juridique qui structure le monde juridique francophone[5] une recherche de stabilité – ce qui est désigné par le terme de sécurité juridique -, voire d'a-temporalité. La recherche de stabilité s'exprime entre autres choses par le recours aux adages latins pour continuer de fonder les méthodes d'interprétation ou par la stigmatisation des revirements de jurisprudence comme étant contraires à la sécurité juridique que les individus seraient légitimement en droit d'attendre. Quant au sentiment d'a-temporalité, il découle d'analyses qui se servent de l'identité de mots ou de phénomènes pour gommer les différences historico-sociologiques. Par exemple, beaucoup d'auteurs en droit de la consommation font remonter les origines de ce corps de règles aux Tables d'Hammourabi[6]. La doctrine juridique réduit ainsi indirectement le droit à une simple superstructure qui évolue en fonction des techniques et des besoins économiques ce qui, d'une part, écarte la question de l'interaction entre l'individu et la règle, d'autre part, ignore la dimension sociologique d'une telle évolution.

En l'occurrence, ce n'est pas parce que le travail est une catégorie de l'activité humaine que cette activité a bénéficié d'un corps de règles qui, avec le temps, a pris l'appellation de droit du travail. Le travail a certes toujours existé mais les règles qui le régissent présentent à travers les époques des différences irréductibles qui obligent à identifier les ruptures pour mieux en mesurer la portée. A ce titre, la proclamation des droits économiques, culturels et sociaux

---

5. Nous ne sommes pas en mesure de comparer avec les pratiques dans les autres pays.

6. Y. Picod, H. Davo, *Droit de la consommation*, A. Colin, 2005, n°1, p. 1 : « *Le droit de la consommation puise sans doute certaines sources d'inspiration dans l'histoire lointaine : Tables d'Hammourabi, Bible, droit romain ou police médiévale des foires et marchés… C'est toutefois au cours de la seconde moitié du XXème siècle avec le développement des formes et techniques de distribution, que le droit de la consommation s'est imposé en tant que tel* ».

constitue déjà une rupture. L'évolution de ce texte en l'espace d'une cinquantaine d'années constitue une autre rupture considérable. Dès lors, la validité d'une réforme en droit du travail dépend d'abord et avant tout non pas de ses objectifs mais notamment de sa conformité aux normes internationales au titre desquelles le Pacte international constitue à présent une source non-négligeable.

La proclamation des droits économiques, sociaux et culturels vise en effet précisément à contredire la distinction marxiste entre infrastructure et superstructure de façon à favoriser la réalisation d'un idéal de justice disjoint de la réalisation du grand soir révolutionnaire. C'est donc en raison de cette dissonance majeure quant à la perception des règles que nous essayerons de déchiffrer les droits de l'homme tant dans leur dimension positive, c'est-à-dire l'interprétation des termes utilisés par les textes, que dans leur dimension sociologique, c'est-à-dire essayer de comprendre les relations entre les individus à partir du moment où les textes leur reconnaissent des droits.

Cette double perspective permet de rendre compte de la dimension polymorphe de l'objet « droits de l'homme » et sa fonction polémogène. Les droits de l'homme permettent d'exprimer juridiquement la subjectivité de l'individu par delà ses déterminismes sociaux. En même temps, sans qu'il faille lire derrière l'utilisation de cette expression une référence à la rhétorique foireuse du président Macron, derrière cette apparente neutralité que retranscrit l'analyse positiviste traditionnelle, les droits de l'homme soulèvent en permanence non plus des questions de droit mais des questions relatives aux valeurs de notre société – droit à la vie, droit à la mort, droit de porter des signes religieux dans la sphère publique... Or, cette problématique est délibérément mise de côté dans les ouvrages consacrés aux droits de l'homme de façon à se contenter d'une synthèse opérationnelle conforme à une analyse formelle dans laquelle l'interprétation des termes présents dans les textes est détachée de tout enjeu de valeur[7]. L'argumentation formelle classique en droit à partir du mode de raisonnement syllogistique et de la recherche de l'adéquation des faits aux textes se transforme en argumentation sur la substance même des faits – le droit devient ainsi l'habillage du politique lorsqu'il s'exprime non dans la sphère publique mais dans la sphère judiciaire.

Une partie de la doctrine « ose » s'interroger sur l'exigence de neutralité scientifique que s'imposerait la doctrine juridique. A travers notamment la question du commentaire du statut des juifs de Vichy, elle dénonce cette neutralité qui, sous couvert de science, ne voit pas que le droit qu'elle commente peut être singulièrement injuste – sans compter bien évidemment la dimension politique qu'il véhicule ou incarne. Cette doctrine est cependant très minoritaire. Quant à l'analyse des droits de l'homme, est plus précisément questionnée le décalage entre les exigences textuelles et la réalité quotidienne[8]. Bref, par un phénomène inverse, le chercheur qui dénonce le positivisme abstrait trouve dans les droits de l'homme une justification permanente à ses critiques et combats au point de ne plus disposer du recul nécessaire pour mesurer que les principes qu'il invoque ne bénéficie pas forcément de l'assise textuelle qu'il croit.

Il y a ici une mutation parfaitement révélatrice de la différence entre la tradition juridique française et le mode de raisonnement qu'impose la référence aux droits de l'homme. Cette mutation, parce qu'elle touche le cœur du droit français – il est courant de dire

---

7. F. Sudre, *Les grands arrêts de la Cour européenne des droits de l'homme*, Paris, PUF, coll. Thémis, janvier 2009, p. 2 : « *Même si l'on peut toujours critiquer une jurisprudence ici ou là trop « constructive », dénoncer son influence parfois destabilisante sur le droit national, s'interroger sur la légitimité de la création du droit par le juge (notamment quand il est européen), on ne saurait nier que le droit de la CEDH a profondément rénové le domaine des droits et libertés* ».
8. D. Lochak, *Les droits de l'homme : ambivalences et tensions*, Revue internationale de Psychosociologie n° 23, 2004, p. 25-45.

que le Code civil est la véritable constitution de la France[9] -, porte en elle un changement de société qui n'est pas réductible à la simple notion de revirement de jurisprudence ni à l'énoncé politique selon lequel une nouvelle réglementation est suffisante pour engendrer une transformation de la société.

C'est pourquoi l'exposé systématique des droits économiques, sociaux et culturels aura pour pendant une réflexion plus générale sur les caractéristiques d'une société dans laquelle les droits de l'homme sont une référence omniprésente.

9. Cf la synthèse sur le sujet par P. Mazeaud, *Le code civil et la conscience collective française*, Pouvoirs, n°110, 2004, p. 152-159, spec. p. 155 : « *À la suite de Demolombe qui, le premier, a qualifié le code civil de « Constitution de la société civile française », le doyen Carbonnier, à qui doit tant la rénovation du droit de la famille, développait cette idée : « La véritable constitution de la France, c'est le code civil... sociologiquement, il a bien le sens d'une constitution, car en lui sont récapitulées les idées autour desquelles la société française s'est constituée au sortir de la Révolution et continue de se constituer de nos jours encore, développant ces idées, les transformant peut-être, sans jamais les renier. » On ajoutera que la solidité de cette « constitution civile » a grandement aidé la société française à traverser une histoire mouvementée, longtemps caractérisée par l'instabilité des constitutions politiques* ».

CHAPITRE I :
Origine et débats sur la valeur des droits économiques, sociaux et culturels

La Déclaration universelle des droits de l'homme de 1948 est une résolution de l'Assemblée générale des Nations Unies ; en tant que simple résolution, elle ne lie pas les États et ne produit donc pas d'effet dans l'ordre juridique interne. C'est pourquoi, cette Déclaration doit nécessairement être complétée par d'autres textes, point dont étaient parfaitement conscients les rédacteurs de ce texte puisque, le jour même où cette Assemblée proclamait la Déclaration, elle a chargé la Commission des droits de l'homme de rédiger un pacte pour rendre effectives les règles qu'énonce ladite Déclaration. Le Pacte international relatif aux droits économiques, sociaux et culturels s'inscrit dans cette dynamique. Comme l'énonce le Préambule du Pacte, c'est « *conformément à la Déclaration universelle des droits de l'homme,* (que) *l'idéal de l'être humain libre, libéré de la crainte et de la misère, ne peut être réalisé que si des conditions permettant à chacun de jouir de ses droits économiques, sociaux et culturels, aussi bien que de ses droits civils et politiques, sont créées* ».

Si le Pacte a été largement ratifié – 164 États sur les 193 que compte l'Organisation des Nations Unies, la consécration de ces droits continue de soulever nombreuses questions. Il est à cet effet révélateur que le Protocole facultatif se rapportant aux droits économiques, sociaux et culturels n'ait été ratifié, comparativement, que par 21 États sur les 45 pays signataires avec comme nous le verrons des réserves d'interprétation qui peuvent entraver l'invocation de ces droits lors d'un conflit. Le rappel des différents débats relatifs aux droits économiques, sociaux et culturels permet ainsi d'exposer le cadre dans lequel interviennent les discussions relatives à la justiciabilité de ces droits, c'est-à-dire pratiquement l'interprétation des textes qui les énumèrent.

1) Les droits économiques, sociaux et culturels ont-ils la même valeur que les droits politiques ?

La distinction entre droits économiques, sociaux et culturels et droits politiques constitue l'un des points majeurs de résistance à la justiciabilité des droits contenus dans le PIDESC.

L'existence de deux textes distincts renverrait à des finalités différentes, chaque État étant d'ailleurs libre d'adhérer à un pacte et non à l'autre. Plus largement, il est possible de constater pratiquement des atteintes aux droits politiques des individus à l'image par exemple de la condamnation de la torture (art. 7 Pacte international relatif aux droits civils et politiques). Comment en revanche, soutiennent ceux qui différencient les droits en fonction de leur nature, apprécier une atteinte au « *droit au travail, qui comprend le droit qu'a toute personne d'obtenir la possibilité de gagner sa vie par un travail librement choisi ou accepté, et prendront des mesures appropriées pour sauvegarder ce droit* » (art. 6 Pacte international relatif aux droits économiques, sociaux et culturels). Il faudrait alors distinguer entre droits-créances – droits à - par opposition aux droits-libertés – droits de -, selon la terminologie du philosophe Raymond Aron. Qui dit créances renvoie indirectement à l'idée de débiteur, c'est-à-dire à une personne susceptible d'exécuter l'obligation, en l'occurrence. Toute la critique de l'économiste Friedrich Von Hayek repose sur le lien entre interventionnisme étatique et développement d'une organisation politique autoritaire, voire totalitaire – ce qu'il appelle « *La route de la servitude* ». Si l'État devient le débiteur de tels droits alors il doit nécessairement trouver des sources de financement qui risque de porter atteinte à la propriété privée des individus[10]. Distinguer ces deux catégories de droit éviterait alors de remettre en cause les équilibres politiques et économiques des États. Ces arguments ne correspondent cependant ni à la logique des textes, ni à l'interprétation qui en prévaut aujourd'hui à l'échelon international.

En premier lieu, les deux pactes disposent de la même origine, la Déclaration universelle des droits de l'homme. Pour cette raison, les préambules des deux pactes commencent de la même manière :

> *Les États parties au présent Pacte,*
>
> *Considérant que, conformément aux principes énoncés dans la Charte des Nations Unies, la reconnaissance de la dignité inhérente à tous les membres de la famille humaine et de leurs droits égaux et inaliénables constitue le fondement de la liberté, de la justice et de la paix dans le monde,*
>
> *Reconnaissant que ces droits découlent de la dignité inhérente à la personne humaine,*
>
> *Reconnaissant que, conformément à la Déclaration universelle des droits de l'homme, l'idéal de l'être humain libre, libéré de la crainte et de la misère, ne peut être réalisé que si des conditions permettant à chacun de jouir de ses droits économiques,*

---

10. Pour une analyse au regard du droit français, D. Roman, *La justiciabilité des droits sociaux ou les enjeux de l'édification d'un État de droit social*, La Revue des droits de l'homme, 01/2012.
http://revdh.revues.org/635 ; DOI : 10.4000/revdh.635

sociaux et culturels, aussi bien que de ses droits civils et politiques, sont créées,

Considérant que la Charte des Nations Unies impose aux États l'obligation de promouvoir le respect universel et effectif des droits et des libertés de l'homme,

Prenant en considération le fait que l'individu a des devoirs envers autrui et envers la collectivité à laquelle il appartient et est tenu de s'efforcer de promouvoir et de respecter les droits reconnus dans le présent Pacte,

Autrement dit, la distinction selon la nature des droits témoigne, certes, d'une évolution des droits de l'homme mais cette évolution ne préjuge en rien d'une différence de régime.

Cette interprétation prévaut également à l'échelon international. L'article 60-5 de la convention de Vienne sur le droit des traités du 23 mai 1969 exclut la possibilité pour un État de suspendre l'application des textes relatifs « *à la protection de la personne humaine* » sans distinguer à cet effet selon la nature des droits sous prétexte, contrairement aux autres traités, qu'un autre État ne les respecterait pas. Lors de la conférence mondiale sur les droits de l'homme en date de 1993 dont les débuts sont à l'origine du Protocole facultatif relatif aux droits économiques, sociaux et culturels, le caractère indivisible des droits de l'homme a enfin été expressément affirmé.

La Conférence mondiale sur les droits de l'homme réaffirme l'engagement solennel pris par tous les États de s'acquitter de l'obligation de promouvoir le respect universel, l'observation et la protection de l'ensemble des droits de l'homme et des libertés fondamentales pour tous, conformément à la Charte des Nations Unies, aux autres instruments relatifs aux droits de l'homme et au droit international. Le caractère universel de ces droits et libertés est incontestable (art. 1er)[11].

Là encore, le texte ne distingue pas selon la nature des droits. Les droits sont indivisibles pour la simple raison que la mise en œuvre des droits politiques n'est pas dissociable des conditions matérielles dans lesquelles ils s'exercent, c'est-à-dire de la possibilité pour les individus de faire valoir leurs droits économiques, sociaux et culturels. Le Protocole facultatif confirme ce point dans son préambule en « *tous les droits de l'homme et libertés fondamentales sont universels, indissociables, interdépendants et intimement liés* ». Pour le dire autrement, la liberté de pensée, droit politique, ne prend, par exemple, sens qu'au regard du droit de la personne à l'éducation (art. 13 PIDESC). Il n'y a donc pas de différence de valeur entre les droits, et on montrera par la suite que les droits stipulés dans le PIDESC sont corrélés dans leur formulation à ceux énoncés dans le PIDCP.

2) Les droits économiques, sociaux et culturels sont-ils définis de façon suffisamment précise ?

Pour qu'un texte ratifié et transposé en droit interne soit invocable par les justiciables, encore faut-il que les droits qu'il reconnaît soient rédigés de façon précise, qu'ils aient alors un effet direct. Dans ce cas, le droit peut être invoqué par le justiciable indépendamment de tout acte d'exécution de la puissance publique. Les enjeux lors d'un contentieux sont multiples :

- soit cela permet d'influer sur l'interprétation du droit interne ;

- soit cela permet de soulever l'incompatibilité d'une norme de droit interne avec la norme internationale pour que le juge en écarte l'application ; dans le cas contraire, la marge d'interprétation que le texte laisse au juge lui permet d'écarter

11. http://www.ohchr.org/Documents/Events/OHCHR20/VDPA_booklet_fr.pdf

l'applicabilité de la convention internationale lors d'un litige et de faire prévaloir le droit interne ;

- soit cela permet d'engager la responsabilité de l'État en raison du préjudice causé à l'individu par le manquement de l'État à ses engagements internationaux.

Cette dynamique interprétative a été systématisée à propos du droit communautaire qui, à la différence substantielle du droit international, a très tôt été défini comme *un ordre juridique propre intégré au système juridique des États membres* [...] *et qui s'impose à leur juridiction* »[12]. Cette différence explique les interrogations suscitées par la rédaction du PIDESC. Tout d'abord, le PIDESC, contrairement au PIDCP s'adresse davantage aux États qu'aux individus. A ce titre, comparé au Pacte international relatif aux droits civils et politiques qui oblige, notamment, les États parties à "*développer les possibilités de recours juridictionnel*" (art. 2. 3 b), il n'était pas prévu à l'origine de mécanisme juridictionnel pour la mise en œuvre du PIDESC. Il faut attendre 1985 pour que soit créé le Comité des droits économiques et sociaux, non dans le prolongement du PIDESC mais par le Conseil économique et social des Nations Unies afin précisément d'améliorer la mise en œuvre du pacte, preuve s'il en fallait qu'il y avait à l'origine de l'adoption du texte une ambigüité en raison de la difficulté d'assurer une interprétation unifiée des dispositions du PIDESC. Ensuite, il définit en son article 2 une obligation de moyen qui rend sa mise en œuvre difficile - *Chacun des États parties au présent Pacte s'engage à agir, tant par son effort propre que par l'assistance et la coopération internationales, notamment sur les plans économique et technique, au maximum de ses ressources disponibles, en vue d'assurer progressivement le plein exercice des droits reconnus dans le présent Pacte par tous les moyens appropriés, y compris en particulier l'adoption de mesures législatives.* Ces deux éléments permettent de

12. CJCE, Costa c/ Enel, affaire 6/64.

cantonner le PIDESC. En dernier lieu, les États n'ont pas manqué d'émettre d'importantes réserves d'interprétation qui, dans bien des cas, aboutissent à vider les droits reconnus par le PIDESC de leur substance.

Ces considérations ont permis aux juridictions nationales de refuser de consacrer l'applicabilité directe du PIDESC sous prétexte, pour prendre l'exemple de la formulation retenue par le Conseil d'État en France, qu'il ne produirait pas d'effet direct à l'égard des particuliers, sans pour autant fournir de véritable justification à cette analyse[13]. Elles sont également au fondement des réticences relatives à la mise en œuvre du PFDECS.

Plusieurs évolutions sont néanmoins perceptibles. Le même Conseil d'État a depuis précisé les critères qui permettent d'apprécier dans les articles d'un texte international transposé en droit interne s'ils disposent ou non d'un effet direct. « *Une stipulation doit être reconnue d'effet direct par le juge administratif lorsque, eu égard à l'intention exprimée des parties et à l'économie*

---

13. CE 5 mars 1999, Rouquette, n° N° 194658 196116, *Considérant qu'aux termes de l'article 2 du pacte international relatif aux droits économiques, sociaux et culturels, publié au Journal officiel de la République française du 1er février 1981 : "Les États parties au présent pacte s'engagent à garantir que les droits qui y sont énoncés seront exercés sans discrimination aucune fondée sur (...) la fortune" ; qu'aux termes de l'article 9 : "Les États parties au présent pacte reconnaissent le droit de toute personne à la sécurité sociale, y compris les assurances sociales" ; qu'aux termes de l'article 10 : "Une protection et une assistance aussi larges que possible doivent être accordées à la famille" ; qu'aux termes de l'article 39 du code européen de la sécurité sociale, publié au Journal officiel de la République française du 9 avril 1987 : "Toute partie contractante pour laquelle la présente partie du code est en vigueur doit garantir aux personnes protégées l'attribution de prestations aux familles" ; qu'aux termes de l'article 45 : "Lorsque les prestations consistent en un paiement périodique, elles doivent être accordées pendant toute la durée de l'éventualité" ; qu'aux termes de l'article 40, cette éventualité est "la charge d'enfants" ; que ces stipulations, qui ne produisent pas d'effets directs à l'égard des particuliers, ne peuvent être utilement invoquées à l'appui de conclusions tendant à l'annulation du décret attaqué*

générale du traité invoqué, ainsi qu'à son contenu et à ses termes, elle n'a pas pour objet exclusif de régir les relations entre États et ne requiert l'intervention d'aucun acte complémentaire pour produire des effets à l'égard des particuliers ». Et de poursuivre : « *l'absence de tels effets ne saurait être déduite de la seule circonstance que la stipulation désigne les États parties comme sujets de l'obligation qu'elle définit* »[14]. L'arrêt n'a certes pas été rendu à propos de l'application du PIDESC mais sa motivation permet de réfuter l'argument selon lequel la rédaction de ce texte justifierait par principe l'impossibilité pour les individus de se prévaloir des droits qu'il énonce. Cela revient pratiquement à distinguer les recours individuels des contestations des actes réglementaires qui, elles, peuvent à présent se prévaloir des textes internationaux et notamment du PIDESC. De son côté, des arrêts récents de la Cour de cassation renvoient expressément à des articles du pacte sans recourir aux distinctions du Conseil d'État en se référant de façon plus prosaïque au principe selon lequel, conformément à l'article 55 de la Constitution française, « *les traités ou accords internationaux régulièrement ratifiés ou approuvés ont, dès leur publication, une autorité supérieure à celle des lois* »[15]. Dès lors, dans le cas français, malgré ces évolutions, il n'est pas possible de

14. CE, ass., 11 avr. 2012, n° 322326, Gisti et Fapil ; comp. C.E, 5 septembre 2005, association collectif contre l'handiphobie, Lebon, n° 248357 : « *les stipulations de l'article 12 du Pacte international relatif aux droits économiques, sociaux et culturels [...] sont dépourvues d'effet direct dans l'ordre juridique interne* »

15. Cass. Soc. 16 décembre 2008, Eichenlaub c./Axia France , 05-40876 : *Vu* ***l'article 6.1 du Pacte international relatif aux droits économiques, sociaux et culturels du 16 décembre 1966****, ensemble l'article 75, alinéa 3, du code du commerce local applicable dans les départements du Haut-Rhin, du Bas-Rhin et de la Moselle ;*

Attendu que **le premier de ces textes, directement applicable en droit interne,** qui garantit le droit qu'a toute personne d'obtenir la possibilité de gagner sa vie par un travail librement choisi ou accepté, s'oppose à ce qu'un salarié tenu au respect d'une obligation de non concurrence soit privé de toute contrepartie financière au motif qu'il a été licencié pour faute grave

conclure en l'état du droit positif à la possibilité de principe pour les justiciables de se prévaloir des dispositions du PIDESC.

Pourtant, les instances internationales ont expressément précisé que la rédaction du PIDESC ne saurait en rien justifier que les États se dispensent de le respecter. L'apport du Comité des droits économiques et sociaux est ici considérable. Composé de 18 membres experts en droits de l'homme qui une fois nommés sont indépendants de leur gouvernement respectif, il a lors de ces observations interprété les principales dispositions du PIDESC. En parallèle, des experts ont pris l'initiative de se réunir en 1986, réunion à l'origine des principes de Limburg concernant l'application du PIDESC. Ces principes ont été repris par le Comité économique et social en 2000[16]. Les observations du Comité auxquels s'ajoutent les principes de Limburg forment un véritable guide d'interprétation du PIDESC de façon à améliorer l'effectivité du PIDESC. L'article 2 précité est ainsi interprété par le Comité des droits économiques et sociaux : *le fait que le Pacte international relatif aux droits économiques, sociaux et culturels prévoit une démarche qui s'inscrit dans le temps, autrement dit progressive,* ***ne saurait être interprété d'une manière qui priverait l'obligation en question de tout contenu effectif.*** *D'une part, cette clause permet de sauvegarder la souplesse nécessaire, compte tenu des réalités du monde et des difficultés que rencontre tout pays qui s'efforce d'assurer le plein exercice des droits économiques, sociaux et culturels ; d'autre part, elle doit être interprétée à la lumière de l'objectif global, et à vrai dire de la raison d'être du Pacte, qui est de fixer aux États parties des obligations claires en ce qui concerne le plein exercice des droits en*

16.https://www.dropbox.com/s/587ymqufrnohp5u/ESCNU%20%282000%29%20Les%20principes%20de%20Limburg%20concernant%20l%27application%20du%20Pacte%20international%20relatif%20aux%20droits%20%C3%A9conomiques%2C%20sociaux%20et%20culturels%20et%20Les%20directives%20de%20Maastricht%20relatives%20aux%20violations%20des%20droits%20%C3%A9conomiques%2C%20sociaux%20et%20culturels.pdf?dl=0

question. Ainsi, ***cette clause impose l'obligation d'œuvrer aussi rapidement et aussi efficacement que possible pour atteindre cet objectif.*** *En outre, toute mesure délibérément régressive dans ce domaine doit impérativement être examinée avec le plus grand soin, et pleinement justifiée par référence à la totalité des droits sur lesquels porte le Pacte, et ce en faisant usage de toutes les ressources disponibles*[17] (c'est nous qui soulignons). Sans compter qu'à plusieurs reprises, comme nous le montrerons dans la présentation des droits, le Pacte utilise le verbe devoir (cf. infra). Pas d'effet direct à titre individuel mais assurément un moyen qui s'insère dans le bloc de légalité des pays à partir desquels les juges apprécient la conformité d'un acte.

Enfin, doit être rapportée l'Observation générale du Comité des droits de l'homme relative aux réserves formulées au moment de la ratification du Pacte ou des Protocoles facultatifs y relatifs ou de l'adhésion à ces instruments, observation formulée alors même que PIDCP ne contient aucune clause en matière de réserves, ce qui juridiquement aurait dû obliger l'organe onusien à se référer au droit commun des traités. En l'occurrence, *des réserves contraires à des normes impératives ne seraient pas compatibles avec l'objet et le but du Pacte. Les traités qui constituent un simple échange d'obligations entre États autorisent certes ceux-ci à formuler entre eux des réserves à l'application de règles du droit international général, mais il en est autrement dans le cas des instruments relatifs aux droits de l'homme qui visent à protéger les personnes relevant de la juridiction des États*[18].

Par voie de conséquence, l'objet du pacte érige progressivement celui-ci en un texte autonome dont l'interprétation, sur le modèle

17. **Comité des droits économiques, sociaux et culturels - Observation générale No. 3 :** ***La nature des obligations des États parties,*** http://www.right-to-education.org/sites/right-to-education.org/files/resource-attachments/Comite_DESC_Observation_Generale_3_1990_FR.pdf

de ce qui a pu être observé en droit communautaire, s'affranchit du droit classique des traités. La rédaction du PIDESC ne permet plus d'éluder la problématique de l'effet direct de ses dispositions. On comprend alors que les différences de situations économiques entre les pays ne justifient pas pour autant les atteintes aux droits économiques, sociaux et culturels.

3) Les droits économiques, sociaux et culturels dépendent-ils de la situation économique du pays ?

A partir du moment où les dispositions du PIDESC ont pour sujet les États, elles impliquent que ceux-ci consacrent leurs ressources aux conditions de mise en œuvre des différents droits, comme le droit à la santé ou l'éducation. Comme l'énonce l'article 2 déjà cité in extenso, *chacun des États parties au présent Pacte s'engage à agir, tant par son effort propre que par l'assistance et la coopération internationales, notamment sur les plans économique et technique, au maximum de ses ressources disponibles.* L'interprétation retenue de cet article par le Comité des droits économiques et sociaux indique aux États comment finalement se conformer aux objectifs du PIDESC.

D'une part, contrairement à la définition classique de l'obligation de moyen qui fait reposer la preuve du manquement sur celui qui s'en plaint, le Comité considère que « *pour qu'un État partie puisse invoquer le manque de ressources lorsqu'il ne s'acquitte même pas de ses obligations fondamentales minimum, il doit démontrer qu'aucun effort n'a été épargné pour utiliser toutes les ressources qui sont à sa disposition en vue de remplir, à titre prioritaire, ces obligations minimum* ». C'est donc à l'État qu'il incombe de prouver qu'il a

18. Comité des droits de l'homme, Observation Générale 24 (52), Observation générale sur les questions touchant les réserves formulées au moment de la ratification du Pacte ou des Protocoles facultatifs y relatifs ou de l'adhésion à ces instruments, Doc. HRI\GEN\1\Rev.1 (1994).

essayé de se conformer aux objectifs du pacte car ces objectifs s'imposent à lui à partir du moment où il a ratifié le pacte. D'autre part, l'insuffisance de ressources ne constitue nullement un fait exonératoire de responsabilité – « *le manque de ressources n'élimine nullement l'obligation de contrôler l'ampleur de la réalisation, et plus encore de la non-réalisation, des droits économiques, sociaux et culturels, et d'élaborer des stratégies et des programmes visant à promouvoir ces droits* ». Cette interprétation dispose de plusieurs fondements :

- article 11 du PIDESC : *Les États parties prendront des mesures appropriées pour assurer la réalisation de ce droit et ils reconnaissent à cet effet l'importance essentielle d'une coopération internationale librement consentie ; Les États parties au présent Pacte, reconnaissant le droit fondamental qu'a toute personne d'être à l'abri de la faim, adopteront, individuellement et au moyen de la coopération internationale, les mesures nécessaires, y compris des programmes concrets*

- article 23 du PIDESC : *Les États parties au présent Pacte conviennent que les mesures d'ordre international destinées à assurer la réalisation des droits reconnus dans ledit Pacte comprennent notamment la conclusion de conventions, l'adoption de recommandations, la fourniture d'une assistance technique et l'organisation, en liaison avec les gouvernements intéressés, de réunions régionales et de réunions techniques aux fins de consultations et d'études.*

La situation économique peut tout au plus légitimer une différence de traitement en fonction d'une distinction entre ressortissants et non-ressortissants - article 2. 3 du PIDESC : *Les pays en voie de développement, compte dûment tenu des droits de l'homme et de leur économie nationale, peuvent déterminer dans quelle mesure ils garantiront les droits économiques reconnus dans le présent Pacte à des non-ressortissants.*

Le pacte impose ainsi un objectif dont l'appréciation de la réalisation s'effectue certes à partir de la situation du pays mais ne saurait en rien faciliter ou justifier les atteintes aux droits reconnus par le PIDESC. La notion de ressources vise à cet effet *à la fois les ressources propres d'un État et celles de la communauté internationale, disponibles par le biais de l'assistance et de la coopération internationales*[19]. Autrement dit, en même temps que les instances internationales privilégient une interprétation autonome du PIDESC, elles favorisent l'émergence d'un monde au sein duquel l'indivisibilité des droits de l'homme a pour corollaire une plus grande interdépendance entre les États. Mais, et c'est le grand paradoxe, cette interdépendance se double d'une affirmation des droits culturels qui contredit le caractère universel des droits.

4) La dimension culturelle des droits économiques, sociaux et culturels contredit elle leur universalité ?

C'est l'une des évolutions majeures de ces dernières années en parallèle à celle précédemment observée en matière d'autonomisation du pacte au regard des conditions comme des modalités qui ont accompagné son adoption. Les droits de l'homme et, par extension, la mise en œuvre des droits économiques, sociaux et culturels se déclinent selon les identités des individus tant par l'adoption de textes distincts en Europe ou en Afrique par exemple, que par l'obligation qui incombe aux États de tenir compte de l'identité culturelle des titulaires des droits. Ce double mouvement permet de rendre compte des difficultés d'interprétation de l'exigence d'universalité.

Nombreux sont en effet les États signataires à la fois des deux pactes internationaux et de textes qui affichent comme finalité une expression des droits de l'homme en fonction de la zone géographique des individus. Ce point est important car il pose

19. Observation n°3 préc.

inévitablement des conflits de normes lors de l'invocation par les individus des droits reconnus par le PIDESC. Ces textes dont l'application est circonscrite géographiquement se réfèrent à la Déclaration universelle et, par extension, aux pactes qui la complètent. Les textes d'inspiration européenne, Convention européenne de sauvegarde des droits de l'homme et des libertés fondamentales ou Charte sociale européenne, reprennent dans l'ensemble les exigences des pactes. La Charte africaine énonce quant à elle dans un texte unique les droits économiques, sociaux et culturels et les droits politiques contribuant ainsi à affirmer leur indivisibilité. Qui plus est, dans ces deux cas, les États parties se sont dotées d'une juridiction dont les jugements disposent de l'autorité de chose interprétée afin de faciliter l'unification des règles en matière de droits de l'homme. Vu sous cet angle, l'existence de ces conventions ou chartes régionales constitue un autre élément d'explication de la place subalterne des pactes internationaux au sein des différents États signataires. Les justiciables trouvent au sein des conventions régionales l'effet direct qui est discuté à propos des Pactes.

Par-delà une référence commune, ces conventions ou chartes contiennent cependant de singulières spécificités qui peuvent aboutir à des interprétations divergentes, voire antinomiques, des droits définis dans le pacte. La charte africaine[20] précise dans son Préambule que « *les traditions historiques et des valeurs de civilisation africaine doivent inspirer et caractériser les réflexions sur la conception des droits de l'homme et des peuples* ». Quid par exemple de l'interprétation de l'article 27-2 en vertu duquel « *les droits et libertés de chaque personne s'exercent dans le respect du droit d'autrui, de la sécurité collective, de la morale et de l'intérêt commun* ». Comme l'a souligné un auteur, « *la principale objection que l'on peut faire à l'encontre de la reconnaissance de ces « droits des peuples » dans la Charte – en dehors de l'ambiguïté du concept lui-même – est qu'elle*

20. http://www.achpr.org/fr/instruments/achpr/

porte atteinte aux garanties des libertés individuelles. Il y a un risque réel que la primauté accordée au groupe sur les libertés individuelles n'aboutisse à des régimes autoritaires ou dictatoriaux [...] ou à un abaissement de la notion de droits de l'homme qui se dilue dans une conception communautaire »[21].

Ce risque de différence d'appréciation est encore plus élevé avec la Charte arabe des droits de l'homme. Sans entrer dans le détail des dispositions problématiques de ce texte comme par exemple l'article 3 qui affirme l'égalité entre les hommes et les femmes « *dans le cadre de la discrimination positive instituée au profit de la femme par la charia Islamique et les autres lois divines et par les législations et les instruments internationaux* », son article 43 précise qu'en aucune manière, « *la présente Charte ne sera interprétée de façon à porter atteinte aux droits et aux libertés protégés par les lois internes des États parties ou énoncés dans les instruments internationaux et régionaux relatifs aux droits de l'homme que les États parties ont adoptés ou ratifiés, y compris les droits de la femme, de l'enfant et des personnes appartenant à des minorités* ». Les droits de l'homme deviennent ici des règles conditionnées par les pouvoirs en place pour la simple raison que la religion met davantage l'accent sur les devoirs de l'individu que sur les droits. Ce texte a donc été considéré comme incompatible avec les normes internationales par le haut-commissaire aux droits de l'homme[22].

Enfin, le mouvement de contestation du caractère universel des droits de l'homme a trouvé une dernière expression lors du du dixième Concile mondial du peuple russe (VRNS), qui s'est tenu du 4

---

21. B. F. Alioune, *La Charte africaine des droits de l'homme et des peuples : entre universalisme et régionalisme*, Pouvoirs 2/2009 (n° 129) , p. 77-100. Disponible : http://www.cairn.info/revue-pouvoirs-2009-2-page-77.htm. ; pour une illustration, A. D., Olinga, *La première décision au fond de la Cour africaine des droits de l'homme et des peuples, (Arrêt du 14 juin 2013 sur les affaires jointes Tangayika Law Society & The Legal and Human Rights Centre c. Tanzanie et Révérend Christopher R. Mtikila c. Tanzanie).*Disponible : https://revdh.revues.org/953.
22. http://www.un.org/apps/newsFr/storyF.asp?NewsID=15698#.V6NrI7iLS00

au 6 avril 2006. L'idée générale a été résumée de la façon suivante : « *nous n'avons pas besoin des valeurs étrangères libérales occidentales, qui n'incluent pas la notion de péché, nous rejetons 'les idées contraires aux représentations morales chrétiennes mais aussi traditionnelles de l'homme* [23]».

Dans tous ces textes, Charte africaine, Charte arabe ou Déclaration russe, se pose inéluctablement la question de l'articulation de ces textes régionaux avec le PIDESC avec comme point d'achoppement la difficulté de concilier des droits individuels avec l'affrimation de la primauté du collectif. La conjonction de deux textes internationaux disposant de la même valeur supra-législative oblige en effet en permanence à préciser le fondement des jugements individuels pour vérifier la pertinence de l'interprétation retenue par les juges sauf à admettre que l'article 5 du PIDESC constitue une clause de sauvegarde en vertu de laquelle il n'est pas possible pour les États signataires de déroger aux dispositions du pacte (cf. infra).

En outre, un glissement s'est opéré dans l'interprétation de l'article 15 du PIDESC. Conformément à cet article, *Les États parties au présent Pacte reconnaissent à chacun le droit :*

a) De participer à la vie culturelle. L'interprétation retenue par le Comité des droits économiques et sociaux revient à consacrer une logique collective de l'exercice des droits par opposition à la logique individuelle au fondement de la Déclaration universelle – « *Le Comité tient à rappeler à cet égard que les programmes éducatifs devraient répondre aux besoins particuliers des minorités nationales ou ethniques, linguistiques et religieuses, et des peuples autochtones, et intégrer leur histoire, leur savoir et leurs techniques, ainsi que leurs systèmes de valeurs et leurs autres aspirations sociales, économiques et culturelles… Les États parties devraient prendre des mesures et n'épargner aucun effort pour que les programmes éducatifs destinés*

---

23. http://www.courrierinternational.com/revue-de-presse/2006/04/06/les-droits-de-l-homme-revus-et-corriges-par-l-eglise-orthodoxe

aux groupes minoritaires et autochtones leur soient dispensés dans leur propre langue, en prenant en considération les souhaits exprimés par les communautés et les normes internationales relatives aux droits de l'homme pertinentes en la matière». Le changement de terminologie, le passage d'une logique individuelle à une logique collective, est ainsi au fondement des modalités d'appréciation des atteintes aux droits de l'homme.

C'est le débat qui a surgi en France à propos de l'interdiction des signes religieux dans les écoles. L'État français peut d'un côté estimer que son action est conforme à l'article 13. 1 du PIDESC en vertu duquel *Les États parties au présent Pacte reconnaissent le droit de toute personne à l'éducation. Ils conviennent que l'éducation doit viser au plein épanouissement de la personnalité humaine et du sens de sa dignité et renforcer le respect des droits de l'homme et des libertés fondamentales.* De l'autre, les personnes revêtant des signes religieux se présentent comme victimes de discrimination. En d'autres termes, là où l'État promeut l'égalité, les personnes concernées rétorquent que cette égalité n'est rien d'autre qu'une politique discriminatoire – « *Le Comité note que pour respecter une culture publique de laïcité il ne devrait pas être besoin d'interdire le port de ces signes religieux courants (art. 18 et 26* »)[24]...

Et le Comité des droits économiques et sociaux de formuler une appréciation plus générale : « *Le Comité reste préoccupé par l'absence de reconnaissance officielle des minorités sur le territoire de l'État partie. En ce qui concerne* ***les droits culturels****, il note en outre que certains de ces droits – notamment le droit d'employer une langue minoritaire – ne peuvent être exercés qu'en communauté avec d'autres membres du groupe minoritaire* »[25]. Le droit de participer à la vie

---

24. Comité des droits de l'homme, Communication n° 1852/2008, Constatations adoptées par le Comité à sa 106e session, (15 octobre-2 novembre 2012), 4 février 2013.
25. Comité des droits économiques sociaux et culturels, 9 juin 2008, E/C.12/FRA/CO/3.

culturelle a abouti à consacrer des droits culturels qui reviennent de facto à ériger les minorités en titulaires de ces droits. Pratiquement, les minorités ne peuvent en tant que telles agir en justice ; en revanche, le fait de se prévaloir de l'appartenance à une minorité confère un droit d'agir pour contester une réglementation. La mise en œuvre des droits de l'homme peut s'en trouver biaisée en raison des différences de perception entre une réglementation supposée être égalitaire et une contestation identitaire.

En résumé, la reconnaissance des droits économiques et sociaux en tant que catégorie de droits de même valeur que les droits civils et politiques s'est accompagnée au cours de ces dernières années d'un approfondissement des termes utilisés dans le PIDESC. Les États ne peuvent ainsi éluder leurs obligations ni en invoquant un défaut de précision du texte, ni le contexte économique dans lequel ils interviennent. Pour autant, même si le Protocole facultatif constitue un début de rupture, l'absence originelle de voie de recours des individus ou d'organe juridictionnel compétent pour interpréter les termes du PIDESC a conduit les justiciables à privilégier les instruments régionaux qui eux, ont disposé dès l'origine d'un effet direct. C'est donc dans un cadre paradoxal que va à présent s'effectuer le détail des dispositions du pacte : d'un côté, son interprétation tend de plus en plus à lui conférer une pleine portée comme en témoigne la jurisprudence précitée de la Cour de cassation française ; de l'autre, alors même qu'il est censé s'inscrire dans la logique universelle de la Déclaration de 1948, les objectifs du pacte sont en somme contestés par la survalorisation des droits culturels.

ANNEXE 1 :
Réflexions sur la Déclaration universelle des droits de l'homme

La Déclaration universelle des droits de l'homme est une résolution de l'Assemblée générale des Nations unies adoptée le 10 décembre 1948. En dépit de son appellation, ce texte ne vaut bien évidemment pas pour les États qui n'ont pas ratifié les textes postérieurs. En dépit cependant de sa faible portée normative, la Déclaration universelle des droits de l'homme n'en constitue pas moins une référence fondamentale dans le débat politico-juridique français.

La Déclaration universelle introduit dès 1948 des termes dont les individus et les institutions ne découvriront véritablement la portée quotidienne qu'à partir des années 1990.

Préalablement, nous relèverons l'ambition de l'emploi du terme universel. Peut-on en effet estimer qu'un texte en date de 1948 fige les droits sous prétexte qu'il se veut universel ? Qu'en est-il du droit de l'environnement ou du nouveau contexte créé par le développement de l'informatique ? Le principe même d'une critique sociologique du texte en raison de son éventuelle inadaptation aux faits est acquis dans la doctrine juridique. Ce qui est en revanche de façon beaucoup moins pris en compte, c'est la rupture des sens par delà l'identité des termes utilisés.

En premier lieu, plusieurs articles de la Déclaration portent sur la religion. Comparativement, hormis la référence à l'Etre suprême dans celle de 1789, le principe d'égalité fondé sans distinction de religion ou de race n'apparaît en droit français qu'en 1946. La Déclaration de 1948 introduit cependant une perspective différente :

- article 2 : impossibilité de distinguer les situations en tenant compte notamment de la religion : « *Chacun peut se prévaloir de tous les droits et de toutes les libertés proclamés dans la présente Déclaration, sans distinction aucune, notamment de race, de couleur, de sexe, de langue, de religion, d'opinion politique ou de toute autre opinion, d'origine nationale ou sociale, de fortune, de naissance ou de toute autre situation* ». Nous trouvons ici mention de la religion au même titre que d'autres éléments objectifs comme la race ou subjectif comme l'opinion. Or, il n'est pas certain que la religion soit réductible à une simple opinion – ou du moins, concevoir la religion comme une opinion revient à estimer que le processus de sécularisation qu'aurait connu le XXème siècle a abouti à réduire la religion à une simple croyance ;

- l'article 16 consacre le droit de se marier abstraction faite des restrictions pouvant être édictées par la religion - « *A partir de l'âge nubile, l'homme et la femme, sans aucune restriction quant à la race, la nationalité ou la religion, ont le droit de se marier et de fonder une famille. Ils ont des droits égaux au regard du mariage, durant le mariage et lors de sa dissolution* ».

- l'article 18 est le plus novateur : « *Toute personne a droit à la liberté de pensée, de conscience et de religion ; ce droit implique la liberté de changer de religion ou de conviction ainsi que la liberté de manifester sa religion ou sa conviction seule ou en commun, tant en public qu'en privé, par l'enseignement, les pratiques, le culte et l'accomplissement des rites* ». Nous soulignerons dès maintenant le principe de la reconnaissance de la liberté de manifester sa religion en public, en rupture complète avec la conception française de la laïcité. L'homme de la Déclaration universelle peut donc être un homme religieux, lecture que l'on peut faire en 1948 ; aujourd'hui, au regard des textes régionaux, nous pourrions plutôt dire qu'au titre des éléments universels de l'humanité, il y a la religion, élément qui, en tant que tel, étend la portée des droits culturels reconnus par le PIDESC.

En second lieu, ces articles s'inscrivent en outre dans une logique nouvelle : l'homme est détaché de la citoyenneté, ce qui signifie que ses droits ne sont pas dépendants de l'État dans lequel il se situe. D'ailleurs, le mot État est quasi-absent de ce texte alors même que la Déclaration repose, par nature, comme tout texte international, sur la signature des États. Nous pouvons donc déjà relever que la différence sémantique est loin d'être neutre ; elle permet d'expliquer pourquoi certains sociologues ont privilégié et continuent de privilégier la référence au texte de 1948 plutôt que celle à 1789.

Cette dynamique est aujourd'hui particulièrement présente dans les pays anglo-saxons dans lesquels sont situés des mouvements qui combinent un projet politique – l'abolition des frontières et des nations – avec une forte ambition sociologique. Ainsi des mouvements « *societies without borders* » ou « *sociologists without borders* » dont on trouve les publications universitaires sur des sites internet. A titre d'illustration, un auteur, et non des moindres au regard de ses nombreuses publications universitaires dans des collections prestigieuses, écrit : « *Citizenship is fundamentally a western political and legal concept; it is also a concept relevant specifically to a national polity. By contrast human rights have been, since their formal proclamation in 1948, promoted as universal rights. The relationship between the social rights of national citizenship and the human rights of the Declaration provides a useful case study in which to discover whether sociology can provide concepts and theories that function across conceptual boundaries and territorial borders. Furthermore, human rights discourse may prove to be the primary candidate for sociology to operate as an effective discourse of global social reality* »[26]. Il ne s'agit plus de décrire pour ensuite interpréter les données collectées mais de fournir un cadre idéologique pour accompagner la transformation de la nouvelle situation contemporaine. La dynamique de ce cadre, c'est la simple mention du mot universel.

Le propos peut paraître excessif. Il illustre en tous les cas l'imbrication constante de la norme juridique dans l'analyse sociologique émanant des pays anglo-saxons ; il a en outre le mérite, contrairement aux sociologues français qui invoquent la Déclaration de 1948 pour justifier leurs analyses en dépit de son absence de portée normative, d'énoncer sans ambigüité la finalité d'un tel discours : l'émergence d'un monde sans frontières. Il y a ici une dimension symbolique de la norme qui dépasse de loin la simple analyse juridique ou sociologique que l'on pourrait faire du texte.

En dernier lieu, les droits reconnus ont une particularité : ils sont fondamentaux - *Considérant que dans la Charte les peuples des Nations Unies ont proclamé à nouveau leur foi dans les droits fondamentaux de l'homme*. En outre, les droits se voient complétés par des libertés fondamentales. Le point est important car il se retrouve dans le texte de la Convention de sauvegarde des droits de l'homme et des libertés fondamentales. Schématiquement, l'exercice du droit de pratiquer sa religion est la conséquence de la liberté fondamentale inhérente à l'individu de disposer d'une religion. La logique ici instillée se déploiera complètement durant les années 1990-2000. Elle permet une double contestation contentieuse des textes étatiques soit parce que restrictifs de droits,

---

26. B. S. Turner, *Global sociology and the nature of rights*, Societies Without Borders 1, 2009, p. 41–52. Cet auteur a publié au Cambridge Press en 2006, *The Cambridge Dictionary of Sociology.*

soit parce qu'ils sont attentatoires à une liberté. Il serait difficile de prétendre que cette approche ait été envisagée dès 1948, soit au début de la guerre froide. C'est en cela que l'identité de la référence à la Déclaration, texte antérieur à tous les mouvements contemporains de contestation qui s'en réclament, doit être distinguée de sa représentation et de son invocation contentieuse.

Nous disposons ici du fondement de la possibilité pour un individu d'estimer que l'atteinte à ses prétentions sociales ou religieuses constitue une violation d'un des droits dont il dispose en raison de sa qualité d'homme. Sur la base d'un simple argument technique, l'absence de ratification du texte par le Parlement, la contestation d'une norme nationale sur la base d'un de ces textes n'est pas recevable[27]. D'un strict point de vue juridique, cela n'a finalement plus d'importance : la ratification des pactes de 1966 confirme expressément les droits déclarés en 1948. Pour autant, non seulement la Déclaration de 1948 est présente dans le contentieux mais en plus, elle constitue une référence au sein même des instances dirigeantes.

Se pose néanmoins une question : pourquoi citer un texte qui n'a pas de portée pratique pour justifier ses prétentions ? C'est ici que se situe à notre avis la rupture : les droits de l'homme, à défaut de disposer d'une force normative, se voient doter d'une valeur performative et deviennent les vecteurs de l'auto-justification de l'individu dans ses prétentions.

Cette dimension se double d'une réalité institutionnelle beaucoup plus étonnante : la Déclaration universelle constitue une référence tant des parlementaires que des différents gouvernements dans les réponses qu'ils donnent aux questions posées. Comme le précise la

---

27. CE, 4 août 2006, n° 286734, Treptow : Juris-Data n° 2006-070680, « *la seule publication au Journal officiel du 9 février 1949 (de son texte) ne permet pas de (la) ranger au nombre des engagements internationaux, qui, ayant été ratifiés et publiés, ont une autorité supérieure à celle de la loi en vertu de l'article 55 de la Constitution française de 1958* ».

documentation consultable sur le site internet de l'Assemblée nationale, « *les réponses du gouvernement aux questions des parlementaires n'ont aucune valeur juridique, néanmoins celles-ci sont un moyen d'identifier les orientations politiques choisies mais également celles-ci permettent de faire état du droit positif. Cet état du droit concerne parfois des et sujets pointus, ces réponses constituant la seule littérature juridique sur le sujet. Ces questions de par leur nombre, constituent donc une matière brute et riche, qui par un travail de sélection, peut permettre de faire état de certains thèmes, tant au niveau politique que juridique* ».

De façon encore plus surprenante, le texte, en complet décalage avec la position jurisprudentielle, devient même une référence pour les gouvernements successifs. Dans bien des cas, le Garde des sceaux évite de se prononcer sur l'applicabilité de la Déclaration universelle. Mais, dans certaines réponses, il énumère ce texte au même titre que d'autres sans distinguer en fonction de l'applicabilité respective de chacun[28]. Ou alors, il va jusqu'à apprécier la compatibilité d'un texte de droit interne à l'aune de la Déclaration universelle de 1948 - « *ces dispositions ne sont aucunement contraires aux principes énoncés dans la Déclaration universelle des droits de l'homme proclamée par l'Assemblée générale des Nations unies le 10 décembre 1948. En effet, l'exercice des droits prévus aux articles 12 et 18 de celle-ci, lesquels prohibent les immixtions arbitraires dans la vie privée ou la correspondance et proclament le droit de toute personne à la liberté de pensée de conscience et de religion, ne peut se concevoir concrètement sans un*

28. Réponse du Garde des Sceaux, Ministère de Justice, JO Assemblée nationale, 19 octobre 1998 « *Sur le plan international, outre la Déclaration universelle des droits de l'homme du 10 décembre 1948 qui en prohibe la pratique, plusieurs conventions auxquelles la France est partie, proscrivent l'esclavage et les autres formes d'asservissement. Il en est ainsi notamment de la Convention européenne de sauvegarde des droits de l'homme et des libertés fondamentales de 1950, du Pacte des Nations unies relatif aux droits civils et politiques de 1966 et de convention des Nations unies relative aux droits de l'enfant de 1989* ».

certain nombre de limitations. L'édiction de celles-ci par la loi est expressément envisagée par l'article 29 de la Déclaration, et elle peut être autorisée notamment pour assurer la reconnaissance et le respect des droits et libertés d'autrui et la prise en considération des exigences de l'ordre public dans une société démocratique »[29]. Autrement dit, le Garde des sceaux juge de la compatibilité d'un texte à partir d'un autre texte qu'un justiciable ne saurait invoquer devant un tribunal sans prendre le risque de voir sa demande jugée irrecevable.

Contrairement aux juges, les institutions parlementaires et gouvernementales confèrent ainsi à la Déclaration universelle une valeur normative. Le texte est aussi bien invoqué par des parlementaires de droite que des parlementaires de gauche et les réponses émanent tant de gardes des sceaux appartenant à un gouvernement de droite qu'à un gouvernement de gauche. Ce décalage entre la pensée institutionnelle – les institutions pensent que le texte s'applique – et la pratique jurisprudentielle ne trouve pas d'équivalent pour d'autres textes. S'est ainsi développée au cours de la dernière décennie un mode d'appréhension de toutes les situations contentieuses par le prisme des droits de l'homme.

Ce tournant des années 1990 apparaît de façon flagrante à travers l'emploi du mot discrimination. La Déclaration universelle établit un lien entre le principe d'égalité et celui de non-discrimination. Ainsi, à l'article 7, « *Tous ont droit à une protection égale contre toute discrimination qui violerait la présente Déclaration et contre toute provocation à une telle discrimination* ou encore à l'article 23, *Tous ont droit, sans aucune discrimination, à un salaire égal pour un travail égal* ». Là encore, le changement de vocable qui tend à considérer toute distinction comme une discrimination n'est pas neutre et ne s'est imposé que récemment.

Comparativement, le préambule de la Constitution du 27 octobre 1946 utilise dans un sens similaire le mot distinction. Selon le Littré

---

29. Réponse du Garde des sceaux, JO Sénat, 6 février 2003.

(1872-1877), le terme « discrimination » relève de la psychologie et renvoie à la faculté de distinguer de tout individu. Le dictionnaire de l'Académie française de 1932 définit la discrimination comme « *l'action de distinguer avec précision* ». Le mot n'est donc, contrairement à la manière dont il est aujourd'hui utilisé[30], en rien ni connoté ni corrélé avec le respect du principe d'égalité.

A travers le recours aujourd'hui systématique au terme de discrimination pour désigner une distinction illégitime et justifier ainsi d'une action en justice, le contentieux permet, à notre avis, de rendre compte d'une mutation linguistique et sociologique intrinsèquement liée à l'expression de prétentions en raison d'une supposée atteinte aux droits de l'homme. Trois éléments permettent de mesurer cette mutation :

- ce texte est intégré au corpus des références communautaires par le biais de la Convention européenne de sauvegarde des droits de l'homme et des libertés fondamentales en son article 14 ;

- la Convention est le dérivé régional de la Déclaration universelle ;

- autre aspect de la puissance symbolique de la Déclaration universelle, les organisations non-gouvernementales à vocation humanitaire continuent de se référer quasi-exclusivement à ce texte sur leur site internet ou dans leurs différents rapports pour dénoncer les atteintes aux droits de l'homme.

A partir des années 1990, le mot discrimination désigne toute distinction entre deux situations identiques sur la base d'un critère illégitime. Au titre des critères illégitimes, il y a, conformément à

---

30. Comp. D. Loschak, *La notion de discrimination*, Confluences Méditerranée, n°48, p. 13-24, spéc. p. 15 : « *Le mot discrimination est chargé, toutefois, au-delà de son sens premier, étymologique, d'une connotation négative : discriminer, dans le langage courant, ce n'est pas simplement séparer mais en même temps hiérarchiser, traiter plus mal ceux qui, précisément, seront dits victimes d'une discrimination* ».

l'inspiration originelle de la Déclaration, la référence à la nationalité – ce qui confirme l'aspiration exposée d'une contestation du lien entre nationalité et citoyenneté.

ANNEXE 2 :
Mondialisation, droits de l'homme et État

Le terme de mondialisation vise à rendre compte de l'émergence d'un nouveau cadre de référence pour caractériser l'époque contemporaine. Dans ce cadre, l'idée de frontière devient obsolète ; la géographie perd son utilité. Seuls restent les individus – ce sont d'ailleurs les individus qui deviennent les destinataires des normes et non plus les États ; cela s'appelle les droits de l'homme. Conséquence majeure de cette mutation parfaitement identifiée par le sociologue Zygmunt Bauman : notre vie quotidienne est constamment affecté par ce qui se passe ailleurs ; notre perception des distances est profondément modifiée.

La mondialisation s'impose ici comme un processus qui repose sur une double interaction : interaction permanente de l'individu contre l'État ; interaction permanente des individus les uns avec les autres quel que soit leur lieu de situation. La médiatisation constante des atteintes aux droits de l'homme, l'émergence de ce que l'on a pu qualifier de « raison humanitaire », illustre ce double mouvement de contestation de l'État et des phénomènes d'identification en fonction de la souffrance d'autrui.

Ce changement de cadre se traduit logiquement par une remise en cause du lien entre État et géographie, lien conceptualisé par la géopolitique. Sans rentrer dans la complexité des débats sur les contours de cette discipline, nous pouvons dans une version épurée, définir la géopolitique comme la conjonction : de la géographie, du politique – qu'est-ce qu'un État ? - et du droit. Dès lors, c'est parce que la mondialisation oblige à ré-articuler la place respective de la géographie, de la politique et du droit qu'elle induit une nouvelle typologie des formes étatiques.

Préalablement, nous exposerons à quel point ce bouleversement, loin d'être neutre, remet en cause le fondement mêmes de l'ordre international : l'État-nation. Pour faire simple, voire caricatural, nous reprendrons une phrase célèbre, popularisée par le géographe Y. Lacoste pour caractériser l'évolution de cette discipline au cours du XIXème siècle, La géographie, cela sert, d'abord à faire la guerre. C'est la raison pour laquelle les géographes identifient les barrages – en cas de guerre, ce sont les premières cibles comme l'a illustré la guerre du Vietnam. L'État, dans cette perspective, est un instrument pour faire la paix, ce qui ne signifie pas que celle-ci durera éternellement. Et le droit constitue le liant entre la dimension politique et la dimension géographique, le vecteur de la conciliation entre l'espace et la puissance. L'enjeu est double :

- sur le plan interne établir une unité territoriale de façon à ce que tous les individus qui y habitent soient traités de la même façon ;

- sur le plan externe, établir les modalités pour aboutir à la paix. La paix n'est en effet rien d'autre qu'un contrat, c'est-à-dire un accord par lequel deux ou plusieurs parties acceptent de renoncer à l'utilisation des armes pour réaliser leurs objectifs.

Dans ce cadre classique, la mondialisation soulève deux questions :

- pourquoi vouloir un État si cette forme juridique d'organisation du territoire n'a plus de consistance ?
- quel rôle pour les États dans un environnement mondialisé ?

Pour essayer de répondre à ces questions, nous nous proposons d'esquisser une typologie entre les différentes formes d'organisation juridiques propres à notre époque : nous distinguerons à cet effet, l'État-nation, l'État en échec, l'État universel.

L'État-nation est le modèle sur lequel continue de reposer l'ordre international contemporain. Il est supposé se caractériser par une adéquation entre la dimension géographique, la dimension juridique et la dimension étatique. Le droit, dans cette perspective, repose sur le principe de territorialité. Les frontières délimitent ici la zone géographique sur laquelle va s'exercer la compétence étatique en raison :

- soit de l'existence de liens ethniques entre les individus,
- soit, pour reprendre la définition française, de leur volonté de partager un projet commun.

Dans un cas comme dans l'autre, parler d'État-nation présuppose un accord minimal sur l'existence même de nation et a pour corollaire la soumission à un ensemble de règles internationales.

Les conséquences de la dimension juridique de la reconnaissance d'un État peuvent, quant à elles, se décliner sur trois niveaux.

En premier lieu, l'admission en tant que membre des Nations Unies implique une soumission à la Charte des Nations Unies et a pour corollaire l'adhésion aux principaux traités. S'agissant de la Charte, elle stipule en son article 51 qu'« *Aucune disposition de la présente Charte ne porte atteinte au droit naturel de légitime défense, individuelle ou collective, dans le cas où un Membre des Nations Unies est l'objet d'une agression armée, jusqu'à ce que le Conseil de sécurité ait pris les mesures nécessaires pour maintenir la paix et la sécurité internationales* ». En somme, les États négocient des traités de paix sans pour autant que cela n'exclut le recours à la force. Compte tenu des tensions nationalistes, un traité de paix n'est rien d'autre qu'un armistice et ne préfigure en rien la fin des hostilités.

Consacrer une forme étatique, c'est donc consacrer la possibilité d'un véritable conflit international. Sur le fond, les règles de la guerre ont tendance désormais à être les mêmes lors d'un conflit armé international qu'en matière de conflit armé non-international. Il y a cependant une petite nuance de taille : les États occidentaux ne peuvent plus se contenter de jouer les arbitres, de faire de l'humanitaire pour alléger les souffrances des civils. Autrement dit, tant que les gens se massacrent entre eux comme en Lybie ou en Syrie, cela ne trouble pas la quiétude des puissances occidentales ; elles peuvent bombarder les gens comme elles le souhaitent sans véritablement prendre le risque de poursuites devant la Cour pénale internationale pour crime contre l'humanité en raison d'attaques aveugles ayant entraîné la mort de civils.

En novembre 2010, le président du Conseil de l'Europe déclare : « *le temps de l'État-nation homogène est révolu. Nous n'avons qu'une civilisation : de démocratie, de droits individuels et de la soumission à la règle de droit* ». On mesure ici le caractère paradoxal de la situation : l'Europe s'évertue à mettre fin à l'État-nation et érige ce modèle en stade suprême de développement.

Le mouvement de revendication d'État-nation sur de supposées bases classiques à l'instar de la proclamation d'indépendance du Kosovo conduit ni plus ni moins à la destruction de l'ordre établi. En cela, la mondialisation n'est pas dissociable d'un repli identitaire.

A moins que la propagation de l'État-nation sur des bases aussi peu tangibles se traduise par une mutation profonde de l'État dans l'ordre international. C'est ce que nous voudrions exposer à travers la notion d'État en échec ou en déliquescence.

Nous passons ici d'une approche formelle – l'État est reconnu en raison de l'existence de normes propres – à une approche substantielle : pour que l'on puisse parler d'État, il faut que l'organe dispose de pouvoirs pour assurer l'ordre public sur le territoire, c'est-à-dire d'une police et d'une armée. L'État est en échec à partir du moment où il n'est pas en mesure d'assumer ses prérogatives, à commencer par le monopole de la violence légitime.

Cette notion n'est pas consacrée en droit mais elle est peut-être le pur produit de la mondialisation.

L'ordre international actuel repose sur des États dont certains, en raison de conflits permanents internes ou sur l'existence de leurs propres frontières, n'ont aucune consistance. Et c'est ici où nous mesurons l'impact de la mondialisation, c'est-à-dire de l'interdépendance généralisée des situations contemporaines.

Les auteurs qui ont développé cette notion d'État en échec ont conceptualisé la situation somalienne : ce pays dispose de 3025 kilomètres de côtes, soit une souveraineté extrêmement étendue sur ses eaux territoriales. Nous rappellerons que la souveraineté sur les eaux territoriales est l'un des enjeux géopolitiques majeurs en raison de l'exploitation de ces fonds mais également du commerce international – c'est d'ailleurs la raison pour laquelle la France reste une grande puissance : elle dispose d'une souveraineté maritime très étendue – la deuxième au monde après les États-Unis.

Compte tenu du transit du commerce mondial, il n'est pas possible que la zone somalienne ne soit pas sécurisée. Il n'est pas possible de laisser se développer la piraterie. Les grandes puissances ont donc rapidement pris en charge cette compétence par delà la souveraineté somalienne. Nous avons ainsi l'exemple d'un État membre des Nations Unies dont les compétences sont assumées par les grandes puissances. L'État est substantiellement en échec tout en continuant, formellement, d'exister sur le plan international. Il y a ici persistance du phénomène politique disjoint de sa manifestation juridique.

La logique humanitaire s'inscrit dans la même perspective : l'État n'étant pas en mesure d'assumer ses missions de police en raison par exemple d'une guerre civile, les autres États suppléent autant que faire se peut aux besoins des populations. On comprend cependant qu'une telle évolution crée en permanence une tension entre la supposée indépendance de l'État-nation – son autonomie – et les conditions matérielles dans lesquelles il réalise ou non les missions qui lui sont imparties.

C'est en cela que la tension actuelle entre une conception formelle de l'État et une conception matérielle soulève en permanence la question de l'émergence d'un État universel.

Parler d'État universel signifie deux choses :

- si l'État est universel, alors la question de la dimension géographique des États ne se pose plus – après l'État-nation viendrait le temps de l'État-monde ;
- si l'État est universel alors disparaît également dans la foulée la dimension politique des affaires humaines.

En effet, pour reprendre la démonstration du philosophe A. Kojève, l'État universel est la seule solution pour sortir du risque permanent de conflits liés à la multiplication des États dans la sphère internationale : la société ne pourra être apolitique que si elle est universelle. Et alors, tous les rapports de ses membres seront internes. C'est-à-dire aucun d'eux ne pourra être un rapport entre ennemis, ou un rapport proprement politique au sens où cette distinction serait un élément constitutif du politique. En d'autres termes, les relations politiques fondées sur le critère ami-ennemi doivent être subsumées par le corpus juridique.

L'État universel, loin d'être un projet utopique, vise à rendre compte du changement de nature des relations entre les individus, leur juridicisation et par là-même, leur dépolitisation. Il diffère en cela radicalement de la conception de l'État cosmopolitique propre à l'époque des Lumières.

La réglementation contemporaine contribue de quatre manières à encourager ce processus.

1) c'est bien évidemment l'enjeu de l'Organisation Mondiale du Commerce qui repose sur l'hypothèse que le commerce est « la profession des gens égaux », c'est-à-dire le vecteur de réduction des inimitiés entre les individus, les États étant comme des individus au sein de la société internationale ;

2) c'est de façon encore plus nette l'objet de la Déclaration universelle des droits de l'homme de 1948 : ce texte casse le lien entre citoyenneté et nationalité. D'ailleurs le mot citoyen n'est pas utilisé. Quant au préambule, il énonce « *il est essentiel d'encourager le développement de relations amicales entre nations* », c'est-à-dire absorber la dimension politique des relations humaines dans leur seule dimension juridique.

3) c'est en outre la logique du développement du droit de l'environnement : la pollution n'a pas de frontière et, si véritablement, nous assistons à un réchauffement climatique de la planète, alors il faut se demander s'il n'est pas nécessaire d'instaurer un gouvernement mondial pour éviter la catastrophe.

4) c'est enfin le programme des Nations Unies d'alliance des civilisations qui vise à désamorcer la rhétorique « politique » du conflit de civilisations.

Symboliquement, l'alliance est un terme militaire qui désigne le regroupement de plusieurs forces en vue d'atteindre un objectif commun. Il en va ainsi des forces alliées durant la seconde guerre mondiale contre les nazis ou encore de la fameuse Sainte Alliance conclue en 1815 afin de maintenir la paix en Europe et d'empêcher la propagation des forces révolutionnaires.

Parler d'alliance revient à mettre l'accent sur le plus petit dénominateur commun susceptible de réunir des civilisations présentant des caractéristiques divergentes. Ces civilisations se regroupent contre un ennemi commun MAIS nuance importante par rapport au passé, cet ennemi ne présente pas d'existence tangible.

Ainsi, comme le raisonnement n'est plus politique, la conception de l'ennemi n'est plus la même. A présent, l'ennemi n'est pas hors des civilisations mais en nous. Ainsi, chacun d'entre nous, à titre individuel, contribue à créer le climat politique et culturel dans sa société. Pour parler comme K. Annan, l'ancien secrétair général des Nations Unies, nous devons toujours être prêts à rectifier les stéréotypes et les images déformées, et à prendre la parole pour défendre les victimes de la discrimination.

Nous voyons ainsi que, si la mondialisation porte en elle les prémisses de l'État universel, elle a également pour corollaire une mutation profonde des relations entre les États mais également au sein même des États.

Dans ce cadre, c'est toute la logique classique des conflits qui est modifiée. Il n'y a plus de guerre mais uniquement des opérations de police. Historiquement, il suffit de se rappeler la guerre d'Algérie – dernière guerre de conquête de l'Europe : il n'y a jamais eu de déclaration de guerre et les soldats avaient pour mission le maintien de l'ordre – bref, une simple mission de police. Dans ce contexte, l'incompréhension entre les parties en présence est totale. Le résultat ne peut être que catastrophique. Il est d'ailleurs fascinant de constater que le modèle dessiné par la situation en Algérie s'est décliné par la suite au Vietnam ainsi que dans les opérations humanitaires contemporaines.

La mutation de l'opération militaire en opération de police a pour corollaire un changement profond de la manière d'entrer en conflit : nous passons des déclarations de guerre à l'ère des revendications terroristes. La différence est énorme : dans un cas, la déclaration constitue la procédure de rupture préalable du contrat qui avait instauré la paix ; dans l'autre, la revendication peut intervenir indépendamment de toute rupture. A la limite, une fois l'acte réalisé, il n'y aura plus besoin de rupture. Autrement dit, si avec la déclaration de guerre, dire c'est faire, avec le terrorisme, faire c'est dire. Libre à l'entourage de réagir par le dialogue ou la répression.

Sur le plan des relations quotidiennes, cela se traduit par une politique d'accommodements *raisonnables* pour reprendre la terminologie canadienne relative au respect des religions dans la vie de tous les jours (cf annexe infra).

CHAPITRE II :
Contenu du Pacte international relatif aux droits économiques, sociaux et culturels

Le PIDESC se compose d'un Préambule déjà analysé (cf. supra) et de cinq parties qui ne contiennent pas d'intertitres au sein desquelles s'articulent 31 articles.

Nous présenterons succinctement les dispositions des quatre premières parties dans leur ordre d'exposition tout en précisant l'interprétation que le Comité a pu formuler et les difficultés en termes d'interprétation qui peuvent survenir si est consacrée la justiciabilité des droits. La cinquième partie ne contient que des dispositions institutionnelles classiques en droit international public dont l'étude ne concerne pas notre problématique. Nous montrerons ainsi comment s'effectue le passage du Pacte d'une approche formelle fondée sur la hiérarchie des normes à une approche substantielle centrée sur la reconnaissance des droits des individus. Une fois cette présentation effectuée, nous mesurerons l'apport relatif du Protocole facultatif relatif aux droits économiques, sociaux et culturels.

1) Le droit des peuples disposer d'eux-mêmes

La première partie est composée d'un article unique (art. 1er) également commun au PIDCP qui affirme comme principe général le droit des peuples à disposer d'eux-mêmes. Il n'y a pas d'interprétation particulière de cette disposition du Pacte, le comité des droits économiques et sociaux préférant renvoyer aux règles du droit international public. Nous soulignerons toutefois deux ambiguïtés :

- la définition du terme peuple : désigne-t-on sous ce vocable la population qui réside dans une zone géographique encadrée par des frontières ou l'existence d'une homogénéité ethnique entre plusieurs personnes ?

- la mise sur le même plan des droits économiques, sociaux et culturels : sont mises sur le même plan l'émancipation politique dont la conception sous-jacente de l'auto-détermination est le régime démocratique (cf les art. 4 et 8 se réfèrent expressément à notion de société démocratique, expression qui ne fait cependant pas l'objet d'une définition) et l'émancipation culturelle. Or, la référence à la culture est précisément ce qui peut empêcher l'avènement d'une société démocratique.

Il ne sert en effet à rien en 2017 de déplorer que « *nous vivons douloureusement le déclin des droits de l'homme comme référence universelle et absolue de la politique* »[31] à partir du moment où cette incantation ignore les ambivalences des textes en matière de droits de l'homme.

Ces deux points, loin d'être neutres, sont au cœur de la définition au titre des principes généraux du principe de de non-discrimination.

---

31. A. Garapon, *Les droits de l'homme, l'État de droit et la démocratie. Introduction*, *Esprit*, vol. juin, no. 6, 2017, pp. 29-34.

2) Principes généraux

La deuxième partie se subdivise en quatre articles :

- article 2 :

- l'article 2. 1 déjà évoqué définit l'obligation pour les États de faciliter la réalisation des droits reconnus par le Pacte. Pour cela, l'État s'engage à mettre en œuvre « *tous les moyens appropriés, y compris des mesures législatives* ». A ce titre, le comité économique et social des Nations Unies, en l'occurrence bien avant que soit créé le Comité des droits économiques et sociaux a estimé « *nécessaire d'appeler l'attention des États parties sur le fait que les obligations que leur impose le Pacte ne se limitent pas au respect des droits de l'homme, et qu'ils se sont également engagés à assurer la jouissance de ces droits à toutes les personnes relevant de leur juridiction. Cela exige des États parties qu'ils prennent des mesures spécifiques pour permettre aux particuliers de jouir de leurs droits* »[32]. Autrement dit, la réalisation des objectifs du Pacte implique que les individus puissent contester les décisions étatiques, administratives ou législatives en se prévalant des droits qu'il leur reconnaît. D'où le caractère surprenant des divergences d'interprétation qui peuvent surgir entre deux ordres juridictionnels d'un même pays comme on peut le constater en France.

- l'article 2.2 définit le principe de non-discrimination, c'est-à-dire, même si cela n'est pas expressément défini dans le Pacte, qu'il ne peut y avoir de différence de traitement « *fondée sur la race, la couleur, le sexe, la langue, la religion, l'opinion politique ou toute autre opinion, l'origine nationale ou sociale, la fortune, la naissance ou toute autre situation* ». En somme, le principe de non-discrimination vient limiter les conséquences juridiques

---

32. Observation générale no 3 : Article 2 (Mise en œuvre du Pacte dans le cadre national), 13ème session, 1981, HRI/GEN/1/Rev.9 (Vol.I), page 201.

d'une définition restrictive ou plutôt ethniciste de la notion de peuple. Plus encore, le Comité des droits économiques et sociaux considère qu'en raison de l'affirmation de ce principe, « *l'État doit prendre des mesures spéciales pour corriger cette situation. Ces mesures peuvent consister à accorder temporairement un traitement préférentiel dans des domaines spécifiques aux groupes en question par rapport au reste de la population. Cependant, tant que ces mesures sont nécessaires pour remédier à une discrimination de fait, il s'agit d'une différenciation légitime au regard du Pacte* »[33]. Le principe de non-discrimination supplée le principe d'égalité pour favoriser l'émergence d'une égalité effective entre les groupes minoritaires et le groupe majoritaire. En même temps, il constitue une limite au pouvoir souverain de l'État de distinguer dans l'exercice des droits entre nationaux et non-nationaux.

A titre d'illustration, dans sa dernière version, l'article L.1132-1 du Code du travail énumère plus d'une vingtaine de critères susceptibles de constituer une discrimination[34]

- l'article 2.3 introduit une dérogation pour les pays en développement à l'encontre de leurs non-ressortissants. La dynamique du Pacte fait que ces mesures discriminatoires ne peuvent être que transitoires et temporaires.

- l'article 3 consacre le principe d'égalité homme-femme au regard des droits consacrés par le Pacte. Au passage, est clairement formulée dans l'interprétation de cet article l'incompatibilité de principe avec les justifications culturelles ou historiques de la situation des femmes au regard de l'exercice des droits. Ce principe se décline en droit du travail à travers l'obligation pour les États de faire respecter le principe d'égalité hommes-femmes en matière de rémunération. On mesure l'enjeu de la justiciabilité du

---

33. Observation générale n°18, Non-discrimination, 37ème session, 1989, HRI/GEN/1/Rev.9 (Vol.I), page 231.

Pacte au regard de l'évolution du droit français en la matière : c'est uniquement dans un arrêt de 1996 que la Cour de cassation se réfère, indépendamment des dispositions du PIDESC, au principe « *à travail égal, salaire égal* »[35].

- l'article 4 précise que les restrictions aux droits définies par l'État ont vocation à faire figure d'exception - *l'État ne peut soumettre ces droits qu'aux limitations établies par la loi, dans la seule mesure compatible avec la nature de ces droits et exclusivement en vue de favoriser le bien-être général dans* ***une société démocratique*** (c'est nous qui soulignons). Cet article est corrélé à l'article 4 du PIDCP relatif à l'état d'urgence. De façon générale, comme de façon exceptionnelle, les États acceptent en ratifiant les pactes que leur pouvoir souverain s'exerce dans les limites fixées par les pactes –

34. Art. L. 1132-1 du Code du travail : *Aucune personne ne peut être écartée d'une procédure de recrutement ou de l'accès à un stage ou à une période de formation en entreprise, aucun salarié ne peut être sanctionné, licencié ou faire l'objet d'une mesure discriminatoire, directe ou indirecte, telle que définie à l'article 1er de la loi n° 2008-496 du 27 mai 2008 portant diverses dispositions d'adaptation au droit communautaire dans le domaine de la lutte contre les discriminations, notamment en matière de rémunération, au sens de l'article L. 3221-3, de mesures d'intéressement ou de distribution d'actions, de formation, de reclassement, d'affectation, de qualification, de classification, de promotion professionnelle, de mutation ou de renouvellement de contrat en raison de son origine, de son sexe, de ses mœurs, de son orientation sexuelle, de son identité de genre, de son âge, de sa situation de famille ou de sa grossesse, de ses caractéristiques génétiques, de la particulière vulnérabilité résultant de sa situation économique, apparente ou connue de son auteur, de son appartenance ou de sa non-appartenance, vraie ou supposée, à une ethnie, une nation ou une prétendue race, de ses opinions politiques, de ses activités syndicales ou mutualistes, de ses convictions religieuses, de son apparence physique, de son nom de famille, de son lieu de résidence ou de sa domiciliation bancaire, ou en raison de son état de santé, de sa perte d'autonomie ou de son handicap, de sa capacité à s'exprimer dans une langue autre que le français.*

35. Cass. Soc., 29 octobre 1996, n° 92-43680.
https://www.legifrance.gouv.fr/affichJuriJudi.do?idTexte=JURITEXT000007038205

ce qui est consubstantiel à leur mise en œuvre comme on le verra à travers les dispositions contenues dans la quatrième partie du PIDESC.

- l'article 5 se subdivise en deux alinéas pour :

  - d'un côté encadrer l'interprétation du Pacte afin d'éviter que ne se développent des interprétations contraires à sa lettre ou son esprit – la méthode ici retenue diverge singulièrement de celle de l'article 31 de la Convention de Vienne sur le droit des traités[36] et conforte le principe d'une interprétation autonome du pacte ;

  - de l'autre, préciser qu'il ne sera admis « *aucune restriction ou dérogation aux droits fondamentaux de l'homme reconnus ou en vigueur dans tout pays en vertu de lois, de conventions, de règlements ou de coutumes, sous prétexte que le présent Pacte ne les reconnaît pas ou les reconnaît à un moindre degré* ». A s'en tenir à cette disposition, lors d'un conflit de normes entre un texte géographiquement circonscrit et le pacte, le pacte doit primer.

La force normative du pacte ne dépend donc pas uniquement d'un respect formel par les États ; elle implique que ceux-ci modifient, quitte à ce que cela soit en profondeur, leur droit positif

---

36. Article 31 Convention de Vienne : *Un traité doit être interprété de bonne foi suivant le sens ordinaire à attribuer aux termes du traité dans leur contexte et à la lumière de son objet et de son but. 2. Aux fins de l'interprétation d'un traité, le contexte comprend, outre le texte, préambule et annexes inclus : a) Tout accord ayant rapport au traité et qui est intervenu entre toutes les parties à l'occasion de la conclusion du traité ; b) Tout instrument établi par une ou plusieurs parties à l'occasion de la conclusion du traité et accepté par les autres parties en tant qu'instrument ayant rapport au traité. 3. Il sera tenu compte, en même temps que du contexte : a) De tout accord ultérieur intervenu entre les parties au sujet de l'interprétation du traité ou de l'application de ses dispositions ; b) De toute pratique ultérieurement suivie dans l'application du traité par laquelle est établi l'accord des parties à l'égard de l'interprétation du traité ; c) De toute règle pertinente de droit international applicable dans les relations entre les parties. 4. Un terme sera entendu dans un sens particulier s'il est établi que telle était l'intention des parties.*

mais également leur manière d'affecter les ressources afin de faciliter la mise en œuvre des droits.

En cela, il est devenu usuel de distinguer trois obligations à charge des États signataires :

- respecter les droits des individus et donc ne pas y porter atteinte, ce qui constitue une obligation négative – par exemple, à partir du moment où hommes et femmes ont droit à l'éducation, l'État ne peut pas adopter une réglementation qui remettrait en cause ce droit ;

- protéger les droits des individus, ce qui constitue une obligation d'agir à charge de l'État– par exemple, l'État doit agir pour que les individus puissent exercer leurs droits – c'est le pendant de l'obligation de respecter les droits. Pour que les droits soient respectés, encore faut-il que leur mise en œuvre soit protégée ;

- mettre en œuvre des politiques qui permettent à chacun de disposer des droits reconnus par le pacte, ce qui constitue une obligation positive. Comme cela a été exposé à propos du principe de non-discrimination, l'État peut se voir reprocher de ne pas mettre en œuvre des politiques différenciées afin de supprimer une situation au sein de laquelle les individus d'un groupe minoritaire seraient moins bien traités que ceux du groupe majoritaire.

C'est à partir de ces principes et dans ce cadre qui nuance en profondeur le principe de souveraineté étatique qu'il est possible de définir la portée des différents droits consacrés par le pacte et les préconisations formulées pour œuvrer à leur réalisation.

3) Énoncé des droits

Les 10 articles qui composent cette troisième partie énumèrent les droits économiques, culturels et sociaux définis par le Pacte. Sur ces

10 articles, 8 commencent par les termes suivants : *Les États parties au présent Pacte reconnaissent.* L'expression signifie que les droits sont inhérents à la personne et que les États, en ratifiant le pacte, s'engagent à faciliter leur mise en œuvre. Deux remarques préalables qui structurent l'énoncé des droits :

- la réalisation des droits économiques, sociaux et culturels implique, compte tenu de leur rédaction, une intervention de l'État dans l'économie. Nous soulignerons à cet effet l'utilisation du verbe devoir dans les énoncés des droits. Pour autant, le comité des droits économiques et sociaux a estimé que « *du point de vue des systèmes politiques ou économiques, le Pacte est neutre et l'on ne saurait valablement dire que ses principes reposent exclusivement sur la nécessité ou sur l'opportunité d'un système socialiste ou capitaliste, d'une économie mixte, planifiée ou libérale, ou d'une quelque autre conception* »[37]. Il ne s'agit donc pas d'un exposé linéaire de droits mais de règles qui peuvent se contredire les unes les autres, ce qui suscite immanquablement des conflits d'interprétation et des problèmes d'application.

- la réalisation des droits économiques et sociaux implique une interdépendance des économies par rapport aux ressources, comme cela a été précédemment mentionné, mais également des réglementations afin d'éviter le dumping social, c'est-à-dire qu'un État réduise ses obligations en matière sociale pour améliorer la compétitivité de ses entreprises[38]. On comprend alors pourquoi la négociation collective ne peut réguler la vie de l'entreprise que si elle respecte le cadre juridique dans lequel elle s'insère. Les propositions de « réforme » du droit du travail visant à favoriser l'émergence d'un salaire minimum par région ou par âge sont formulées comme si le Pacte n'était pas effectif, comme si pratiquement il revenait à la règle de s'adapter à l'économie[39]. Marx est mort, le communisme est enterré et la logique libéral

---

37. Comité des droits économiques, sociaux et culturels, 5ème session 1990, U.N. Doc. HRI/GEN/1/Rev.7 (2004).

s'enferre envers et contre tout dans une conception mortifère de la règle de droit qu'elle réduit à une simple superstructure. A moins, comme nous le verrons (cf infra) que le libéralisme porte en son essence l'esclavagisme.

Toute la difficulté de la mise en œuvre de cette interdépendance entre droit et économie ayant pour finalité le règne de la règle de droit, c'est qu'elle est sous-jacente à la finalité du Pacte qui ne dispose pas d'organes institutionnels semblables à ceux existant dans l'Union européenne. Certes, l'existence de tels organes ne constitue en rien une garantie contre les pratiques de dumping. Il suffit pour s'en rendre compte de se reporter aux difficultés que rencontrent les pays membres de l'Union européenne pour concilier libre circulation des travailleurs et soumission de l'ensemble desdits travailleurs à un salaire minimum commun lors d'une procédure où un salarié d'un pays est détaché dans un autre. Mais, le Comité ne dit pas autre chose : la mise en œuvre des droits sociaux s'inscrit

---

38. Cf. Comité des droits économiques, sociaux et culturels, 35ème session, Observation générale no 18 : Le droit au travail (art. 6), HRI/GEN/1/Rev.9 (Vol.I), point 30 : *Pour s'acquitter des obligations internationales leur incombant au titre de l'article 6, les États parties devraient s'efforcer de promouvoir l'exercice du droit au travail dans les autres pays ainsi que dans les négociations bilatérales et multilatérales. Dans les négociations avec les institutions financières internationales, ils devraient veiller à ce que le droit au travail de leur population soit protégé. Les États parties qui sont membres d'institutions financières internationales, notamment du Fonds monétaire international, de la Banque mondiale et de banques régionales de développement, devraient porter une plus grande attention à la protection du droit au travail et infléchir dans ce sens les politiques de prêt, les accords de crédit, les programmes d'ajustement structurel et les autres mesures internationales prises par ces institutions. Les stratégies, les programmes et les politiques adoptées par les États parties dans le cadre de programmes d'ajustement structurel ne devraient pas entraver leurs obligations fondamentales ni avoir un impact négatif sur le droit au travail des femmes, des jeunes et des individus et groupes défavorisés et marginalisés.*

39. J. Barthélemy, G. Cette, *Réformer le droit du travail*, O. Jacob, 2015.

dans la durée et ne saurait être balayée par l'affirmation d'une primauté de la logique économique.

Dans ce cadre, on distinguera les articles consacrés au droit au travail (a), à la protection sociale (b), à l'éducation (c) et à la vie culturelle (d).

a) Articles relatifs au droit au travail

La présentation d'ensemble des textes sera ensuite suivie d'une mise en perspective au regard de problématiques contemporaines.

a-1) Présentation générale

Les articles 6, 7, 8 concernent le droit au travail – et non, contrairement à l'appellation usuelle, le droit du travail - aussi bien en matière de relations individuelles que de relations collectives (art. 8). Ils sont interdépendants : pour qu'une personne puisse « *gagner sa vie* » (art. 6), il faut que les conditions de travail soient « *justes et favorables* » et lui procurent une rémunération qui permette « *une existence décente* » (art. 7). La réalisation de ces droits n'est pas dissociable des négociations syndicales (art. 8).

L'article 6 reconnaît le droit au travail qui, selon les termes mêmes du PIDESC, « *comprend le droit qu'a toute personne d'obtenir la possibilité de gagner sa vie par un travail librement choisi* ». Il est à remarquer le caractère premier de ce droit dans l'énumération des droits par le PIDESC. Le travail est, dans le même mouvement, la condition de réalisation des droits économiques et sociaux des individus et un droit à part entière. L'individu ne peut exercer ses droits que s'il est intégré socialement et économiquement. D'ailleurs le Comité utilise de façon quasi-systématique cette expression de « droit au travail » et ne traite quasiment pas du droit du travail comme si l'existence d'un droit du travail était la conséquence de la reconnaissance première du droit au travail des individus. Afin de rendre effectif ce droit, il est précisé, que les États

« prendront des mesures appropriées pour sauvegarder ce droit », mesures qui « ***doivent** inclure l'orientation et la formation techniques et professionnelles, l'élaboration de programmes, de politiques et de techniques propres à assurer un développement économique, social et culturel constant et un plein emploi productif dans des conditions qui sauvegardent aux individus la jouissance des libertés politiques et économiques fondamentales* ». En revanche, le texte vise le travail en général sans distinguer entre travail salarié et travail indépendant. Il en découle :

- de façon évidente, l'interdiction du travail forcé et de toutes les formes modernes d'esclavage – le travail doit être choisi. Pour cette raison, cet article a pour corollaire l'article 8, 3a du PIDCP en vertu duquel « *nul ne sera astreint à accomplir un travail forcé ou obligatoire* ».

- complété par l'article 10, l'interdiction du travail des enfants (*Les États **doivent** aussi fixer des limites d'âge au-dessous desquelles l'emploi salarié de la main d'œuvre enfantine sera interdit et sanctionné par la loi).*

L'article 7 énonce les caractéristiques que doivent présenter les conditions de travail, conditions qui doivent être « *justes et favorables* ». L'adverbe « *notamment* » signifie que l'énumération que fournit l'article 7 ne saurait être tenue pour limitative de la manière dont les États doivent interpréter cette liste :

- la rémunération doit être équitable, respecter le principe « à travail égal, rémunération égale » avec une attention toute particulière pour les femmes qui « *doivent avoir la garantie que les conditions de travail qui leur sont accordées ne sont pas inférieures à celles dont bénéficient les hommes et recevoir la même rémunération qu'eux pour un même travail* » (art. 7. a.I), et enfin procurer « *une existence décente pour eux et leur famille conformément aux dispositions du présent Pacte* » (art. 7. a. II) *;*

- b) La sécurité et l'hygiène du travail ;

- c) La même possibilité pour tous d'être promus, dans leur travail, à la catégorie supérieure appropriée, sans autre considération que la durée des services accomplis et les aptitudes ;

- d) Le repos, les loisirs, la limitation raisonnable de la durée du travail et les congés payés périodiques, ainsi que la rémunération des jours fériés.

De façon générale, les articles 6 et 7, par leur mode de rédaction – utilisation du verbe devoir et définition d'éléments précis d'appréciation des conditions de travail – justifient que les politiques économiques et sociales menées par les différents États-parties soient évaluées. De façon plus particulière, le Comité des droits économiques et sociaux a délimité la portée de ce droit :

- ce droit « *ne saurait se comprendre comme un droit absolu et inconditionnel d'obtenir un emploi* » ; l'État n'est pas débiteur d'une obligation d'embauche – il est en revanche responsable de l'encadrement des conditions d'embauche et de travail afin que celles-ci profitent à tous. « *Le Pacte impose clairement à chaque État partie le devoir de prendre toutes les mesures nécessaires pour s'assurer que chacun est protégé contre le chômage et la précarité de l'emploi et peut exercer dès que possible son droit au travail* »[40].

- ce droit implique que les États luttent contre le travail non-déclaré afin d'éviter que la situation économique se traduise par une dégradation des conditions de travail ; l'intégration sociale par le travail a pour corollaire le droit à la protection sociale (art. 9) ;

- enfin, la mise en œuvre de ce droit dépend de l'existence de contrôles internes, comme ceux mis en œuvre par l'inspection du travail et il incombe à l'État de garantir la possibilité pour ses inspecteurs de mener à bien leur mission.

---

40. Idem, n°37.

L'article 8 porte sur le droit syndical. Une nuance rédactionnelle importante : contrairement aux droits qui sont reconnus par les États, en la matière, « *les États parties au présent Pacte s'engagent à assurer* ». L'enjeu ici n'est pas de reconnaître le rôle des syndicats - cela ne se discute même pas et ne nécessite pas de reconnaissance expresse - mais d'être sûr que les syndicats pourront remplir leurs missions. Cela implique en premier lieu, que soit garantie la liberté d'association pour les individus mais également pour les syndicats qui voudraient s'allier au sein de confédérations nationales ou internationales. En second lieu, il incombe à l'État de garantir l'exercice des prérogatives syndicales et la possibilité de recourir à la grève « *conformément aux lois de chaque pays* » avec des nuances acceptables pour « *l'exercice de ces droits par les membres des forces armées, de la police ou de la fonction publique* » (art. 8.2). Il est toutefois précisé que ces encadrements législatifs doivent être conformes pour les États qui l'ont ratifié à la convention de l'Organisation Internationale du Travail de 1948 concernant la liberté syndicale et la protection du droit syndical (8.3).

Pratiquement, pour les personnes des États parties au Pacte et à cette convention, il est plus facile de se prévaloir de l'effet direct de la convention de l'O.I.T. que de celui du pacte ; pour les personnes dont les États n'auraient ratifié que le pacte, la justiciabilité du pacte a pour enjeu de conforter les syndicats qui, selon le Comité des droits économiques et sociaux, « *jouent un rôle primordial pour assurer le respect du droit au travail aux niveaux local et national et pour aider les États à s'acquitter de leurs obligations découlant de l'article 6* ». On mesure ici le caractère globalisant du PIDSC : de prime abord, il a pour sujet les États mais pratiquement, sa mise en œuvre doit reposer sur les individus, sur l'existence de contrôles et sur des instances privées comme les syndicats.

Si l'interprétation contemporaine du Pacte prône son effectivité, elle ne doit pas éluder un questionnement sur son adéquation à l'époque actuelle.

a-2) Mise en perspective

Trois problématiques seront ici évoquées : le recours au référendum pour valider un accord d'entreprise, le recours à la violence plutôt qu'à la grève, la substitution de robots aux salariés. Apparemment distinctes, ces trois problématiques sont révélatrices d'une évolution majeure du droit contemporain : la subjectivisation de l'individu au détriment du collectif et des institutions.

Simplifier le recours au référendum comme pratique de validation d'accords d'entreprise soulève plusieurs problèmes. Le référendum peut chercher à pallier l'absence de syndicats. Privilégier cette démarche plutôt que celle tendant à renforcer l'action des syndicats contredit l'orientation définie par le Comité des droits économiques et sociaux. En outre, le référendum soulève inévitablement un conflit de légitimité en cas de contestation de l'accord validé par cette procédure. Par exemple, comment réagiraient les salariés de l'entreprise concernée comme la presse si un juge estime que l'accord soumis à référendum est contraire par exemple aux dispositions du Pacte ? La pratique du référendum tend ainsi non seulement à délégitimer les syndicats mais également l'institution judiciaire.

Plus largement, le droits reconnus deviennent effectifs à partir du moment où ils s'appliquent ; parler de leur efficience signifie qu'en plus, les objectifs fixés par les textes sont atteints. Par delà sa reconnaissance formelle et sa valeur constitutionnelle, il faut peut-être se rendre à l'évidence : le droit de grève n'est plus effectif ; il est nettement moins efficient lors d'une négociation que le recours à la violence.

Le droit de grève n'est plus effectif – si tant est qu'il l'ait jamais été - aussi bien pour des raisons de fait que pour des raisons de droit. S'agissant des raisons de fait, le sociologue Jean BAUDRILLARD, dès la fin des années soixante avait estimé que le développement de la société de consommation par le biais du crédit portait indirectement atteinte à l'exercice du droit de grève. Force est de constater que plus le niveau d'endettement des Français augmente, moins il y a de journées de grève. Loin d'illustrer une pacification des rapports sociaux, la réduction du nombre de jours de grève confirme simplement une évidence : il n'est pas possible pour un salarié de prendre le risque d'un conflit social long à partir du moment où il est tenu de rembourser des traites mensuelles de plus en plus importantes.

Les conditions d'exercice du droit de grève ne permettent plus de porter les revendications des salariés. La grève est d'abord et avant tout une forme de violence – le droit contre le Droit pour reprendre une formule célèbre. Même si la Constitution comme le Pacte consacrent le droit de grève, son exercice reste l'expression d'un rapport de force dont l'enjeu est d'obtenir de l'employeur qu'il cède sur les revendications à l'origine du conflit. Or, deux changements récents modifient singulièrement cette conception. D'une part, s'est développée l'idée qu'il faut à présent faire grève sans déranger les autres. C'est tout l'enjeu de la réglementation récente du droit de grève dans les services publics[41], ce qui de facto limite l'impact d'un mouvement de grève. D'autre part, lorsque les salariés sont confrontés à une décision brutale de fermeture d'une entreprise dans le cadre plus global d'une restructuration, la cessation collective du travail est de peu d'effets. L'entreprise ayant vocation à fermer, l'employeur n'est pas intéressé par une reprise du travail et peut donc en toute légalité laisser le mouvement pourrir.

S'agissant des éléments de droit, le droit de grève subit lui aussi les frais d'avoir été érigé en droit fondamental. La « fondamentalisation » d'un droit a pour effet de le mettre au même niveau que les libertés économiques. Comme il n'y a pas de raison qu'un droit prime sur un autre, la conjugaison des droits nécessite en permanence d'en pondérer la portée par le biais du principe de

41. R. VATINET, *Sur le dialogue social et la continuité du service public dans les transports terrestres de voyageurs (L. n° 2007-1224, 21 août 2007)*, J.C.P., Administrations et Collectivités territoriales n° 39, 2007, 2241.

proportionnalité[42]. Le droit de grève dépend à présent de sa conciliation avec la liberté de circulation des marchandises et des personnes. Il se banalise au point d'en perdre sa dimension contestataire et son effectivité.

Cette banalisation ressort parfaitement de la jurisprudence récente de la Cour de Justice de l'union européenne. Le droit de grève est assimilé à une restriction à la liberté d'établissement ou à la libre prestation de service. Il ne peut donc s'exercer qu'au regard d'un objectif légitime compatible avec le traité de Rome. Le droit absolu est ainsi mis sous condition étant en plus entendu que son exercice ne doit pas aller au-delà de ce qui est nécessaire pour atteindre l'objectif qui a justifié la cessation de travail[43].

L'invocation de la Convention européenne de sauvegarde des droits de l'homme et des libertés fondamentales n'est pas ici, non plus, d'un grand secours. La jurisprudence récente réussit dans un même mouvement à dénoncer les ingérences de l'autorité publique dans l'exercice du droit de grève tout en estimant, dans une affaire où des grévistes avaient bloqué une route, que la condamnation pénale dont ils ont fait l'objet n'est pas disproportionnée au regard des buts poursuivis[44].

---

42. Cf sur le sujet, F. TERRÉ, *La proportionnalité, comme principe ? Etude* J.C.P. ed. G., n° 25, 2009, 3.
43. B. TEYSSIE, *Esquisse du droit communautaire des conflits collectifs*, J.C.P. Social, n° 6, 2008, 1075.
44. C.E.D.H., 5 mars 2009, Barraco c. France, Requête no 31684/05 : *Cette obstruction complète du trafic va manifestement au-delà de la simple gêne occasionnée par toute manifestation sur la voie publique. La Cour note que les forces de police, qui étaient présentes afin de garantir le maintien de l'ordre et de la sécurité publics, n'ont procédé à l'interpellation des trois manifestants que dans le but de mettre fin au blocage complet et après que ceux-ci eurent été à plusieurs reprises prévenus de l'interdiction de s'immobiliser sur l'autoroute et des sanctions qu'ils encouraient. La Cour considère que le requérant a pu exercer, dans ce contexte, et durant plusieurs heures, son droit à liberté de réunion pacifique et que les autorités ont fait preuve de la tolérance nécessaire qu'il convient d'adopter envers de tels rassemblements*

Bref, le droit positif définit les contours d'un droit de grève tellement policé qu'il en perd son effectivité.

Il ne faut pas s'étonner, dans ce contexte du caractère efficient du recours à la violence, c'est-à-dire de l'adéquation du moyen au but recherché.

La violence, qu'elle s'exerce sous forme de séquestration ou de menaces, combine les deux caractéristiques naguère présentes dans l'exercice du droit de grève. D'une part, elle ne peut qu'être brève pour un résultat maximal alors que la grève tend à s'éterniser pour un résultat décevant. D'autre part, le recours à la violence rappelle une évidence : pour obtenir quelque chose, il faut déranger l'ordre établi, ce que l'exercice du droit de grève dans sa conception classique n'arrive plus à faire.

Nous serions peut-être en présence d'un effet pervers de la démocratie sociale prônée par les derniers textes en matière de négociation collective. Ainsi, l'accord d'entreprise est devenu la norme-pivot pour déterminer les droits des salariés. Cette procéduralisation du droit du travail donne l'illusion d'une égalité formelle entre employeurs et salariés sous prétexte qu'il y aurait eu négociation, négociation qui peut pratiquement aboutir à une altération substantielle des droits des individus. Seul problème : pour obtenir quelque chose dans une négociation quand les parties ne sont pas véritablement à égalité, ce qui est le propre du droit du travail, il faut disposer de moyens de pression. La grève n'étant plus en mesure d'assumer ce rôle, nous basculons vers d'autres techniques comme les menaces ou la séquestration. Le recours à la violence permet ainsi, malheureusement de rétablir l'égalité substantielle que masque l'égalité formelle inhérente à toute procéduralisation du droit.

Le XXIème siècle marque ainsi la fin de l'illusion de la grève comme moyen de pression sur les employeurs. D'ailleurs, à transformer les mouvements de grève en grande partie festive comme cela s'est produit après les évènements de 1968, on peut se demander si les syndicats n'ont pas contribué à se décrédibiliser. En somme, le recours à la violence traduit également une mutation du mouvement syndical français ; c'est pourquoi il est le fait dans de nombreuses situations de personnes non-syndiquées.

D'une certaine façon, on en revient au XIXème siècle marqué par la révolte des Canuts à Lyon. Dès cette époque, devant le risque de chômage de masse résultant du changement de mode de production dans l'industrie textile, les ouvriers avaient estimé qu'ils n'avaient pas d'autre choix que de détruire leur outil de production pour obtenir gain de cause. A l'époque, on rappellera qu'il n'y avait pas de droit du travail et que les relations entre employeurs et salariés étaient uniquement régies par le Code civil.

Que l'on soit clair : cette évolution est regrettable. Face à la violence, il faudra bien que l'État rétablisse l'ordre public s'il ne veut pas être confronté à une multiplication des actes de ce genre. Bref, sauf à combattre les évolutions actuelles du droit positif, il faudra se rendre à l'évidence : le droit du travail a commencé par le droit pénal, il risque de se transformer à nouveau en droit pénal. Le retour de la violence marque ainsi la fin de l'État-Providence.

Enfin quel sens donner au droit au travail à l'heure d'internet ou des robots ? L'émergence de plateformes type UBER oblige davantage à repenser notre rapport à la société que la relation de travail en tant que tel. En effet, l'attrait que ces plateformes ont pu exercer pour attirer de la main d'œuvre ne prend véritablement sens qu'à l'aune du cadre juridique dans lequel ces individus ont proposé leurs services. Au départ, la plateforme comme ceux qui travaillent par son intermédiaire cherchent à s'affranchir de toutes les contraintes réglementaires. Pour ceux que la plateforme présente comme des prestataires indépendants, cela signifie l'absence de durée légale et l'absence d'imposition sur les sommes perçues. Bref, les gens ont l'impression de gagner de l'argent alors même qu'ils se font littéralement exploiter. A partir du moment où les sommes perçues deviennent sujettes à imposition, les prestations deviennent nettement moins rentables. Pratiquement, il a été calculé que la rémunération des chauffeurs était inférieure au minimum légal. On comprend alors que les individus aient entamé des procédures en justice pour obtenir la requalification du lien qui les noue à la plateforme en contrat de travail. Autrement dit, le modèle dit disruptif des plateformes n'est rien d'autre qu'une tentative de s'affranchir des contraintes sociales pour mieux enferrer les individus. La soumission des revenus à la fiscalité par l'obligation déclarative qui pèse à présent sur les plateformes re-crée en somme un lien social qu'a vocation à venir parachever la reconnaissance d'un contrat de travail.

La technologie ne change en rien la recherche de domesticité et d'exploitation contre laquelle le Pacte se veut une limite. Le seul problème, c'est quand cette limite est caricaturée comme constituant une atteinte à la liberté d'entreprendre en dépit du caractère illusoire des revenus que l'exercice de celle-ci pourrait procurer. Pour reprendre le cas Uber, la légitimité du business model repose sur la contestation des normes en vigueur avec comme argument sous-jacent imparable : la technologie, l'économie dite collaborative, c'est le progrès. Il s'agit donc expressément de casser l'ordre ancien pour lui substituer un ordre nouveau dont la pérennité dépend d'un pari : l'effondrement de la règle. Les fonds levés par cette société qui n'a pour le moment pas encore dégagé de bénéfices illustrent parfaitement comment cette rhétorique constitue à présent un postulat supposé rationnel. Quand en outre, la survie économique de cette société dépend de schémas d'optimisation fiscale, on mesure à quel point toute cette dynamique n'est rien d'autre qu'une contestation inédite du lien social dans sa double dimension : le paiement d'impôts, le paiement de salaires pour laisser l'individu seul face à son semblable, concurrent ou client dénué du lien étatique et donc politique. Comme l'écrit un auteur, *cette opération magique, à savoir la disparition de la chose politique, comme d'ailleurs le social ou la culture, dans le bain du marché, tient à ce que Evgeny Morozov nomme le « solutionnisme technologique »... Soit la conviction que la seule façon de résoudre les enjeux écologiques, sociaux et in fine politiques de la planète passent par les « technologies de l'exponentiel », mais à la condition qu'elles soient lancées et utilisées dans le cadre d'un marché parfaitement dérégulé, sans ersatz d'administration, de contraintes législatives ou de mécanismes de redistribution sociale »*[45].

L'automatisation des relations de travail par l'émergence de robots combinée au développement de l'intelligence artificielle obligerait, comparativement, à repenser intégralement les relations sociales et le droit applicable. Si, véritablement des robots peuvent se substituer à des individus, quelle survivance pour le droit au travail et son corollaire le droit à une rémunération équitable alors l'universalité s'effondre dans sa capacité à valoir en tout temps. In fine, le texte en l'espace d'un demi-siècle aurait été réduit à l'expression de la conception occidentale de l'homme post-seconde guerre mondiale. Les robots contredisent le postulat selon lequel le travail est l'essence de l'homme. Effectivement, un auteur a beau jeu de démontrer que l'homme est un être de langage, d'amitié, de religion[46]. Ce faisant, il élude le fait que la dimension sociale du travail renvoie également à l'individu sujet de droit. Les autres éléments qualifiés d'essentiels reposent sur des relations bilatérales qui sont néanmoins conditionnées par l'existence d'un cadre juridique stable.

On mesure alors un mouvement paradoxal : la pénétration du pacte dans le corpus juridique coïncide avec un contexte social contradictoire au sein duquel l'individu, à force d'être renvoyé en permanence à sa subjectivité pour donner son avis sur ses conditions de travail ou pour s'affranchir des règles, rend problématique la survie de l'idéal régulateur du pacte.

---

45. A.Kyrou, *L'ubérisation est un populisme, Multitudes*, vol. 61, no. 4, 2015, pp. 106-113

46. E. Enriquez, *Le travail, essence de l'homme ? Qu'est-ce que le travail ?*, Nouvelle revue de psychosociologie, vol. 15, no. 1, 2013, pp. 253-272.

b) Articles relatifs à la protection sociale

Les articles 9, 10, 11, 12 concernent les garanties sociales que l'État doit fournir aux individus. Ils confirment la conception de l'homme du PIDESC : l'homme n'est pas isolé ; il est d'abord et avant tout membre d'une société au sein de laquelle le travail est pensé comme le facteur premier d'intégration, tout cela étant comme on a pu le montrer précédemment intrinsèquement lié à notre époque.

Tout d'abord, il existe un « *droit de toute personne à la sécurité sociale, y compris les assurances sociales* » (art. 9). La distinction entre sécurité sociale et assurances sociales signifie que l'État doit fournir des prestations mêmes aux personnes qui ne relèveraient pas de la sécurité sociale en raison de leur exclusion, par l'âge ou par le chômage, des mécanismes de protection sociale. Dans ce cadre, l'article 10 énumère les modalités de mise en œuvre de ce droit en utilisant à plusieurs reprises le verbe « devoir » pour bien souligner son caractère impératif :

> « *1. Une protection et une assistance aussi larges que possible* ***doivent*** *être accordées à la famille, qui est l'élément naturel et fondamental de la société, en particulier pour sa formation et aussi longtemps qu'elle a la responsabilité de l'entretien et de l'éducation d'enfants à charge. Le mariage doit être librement consenti par les futurs époux* ». Cet alinéa est le pendant économique, social et culturel de l'article 23 du PIDCP qui consacre « *la famille comme élément naturel et fondamental de la société* » ainsi que le principe selon lequel « *Nul mariage ne peut être conclu sans le libre et plein consentement des futurs époux* ». Les pactes ne définissent cependant pas les composantes de la famille. Plus encore, les observations du Comité des droits économiques et sociaux ne mentionnent pas la situation des homosexuels au regard de l'exercice des droits reconnus par les pactes. Or, affirmer, comme en 1966, l'idée que la famille présente véritablement une dimension naturelle, peut à notre époque aboutir à restreindre les droits des individus dont les comportements ne correspondent

pas aux normes traditionnelles. Il revient donc alors de se reporter au principe de non-discrimination, principe réaffirmé à l'alinéa suivant pour condamner les discriminations par rapport aux enfants « *pour des raisons de filiation* ***ou autres*** » (c'est nous qui soulignons pour mettre en avant la marge d'interprétation qu'offre cette rédaction).

Les deux alinéas suivants sont le versant social du droit au travail des femmes et des enfants. Par rapport aux femmes, il incombe aux États de les protéger « *pendant une période de temps raisonnable avant et après la naissance des enfants* » ; par rapport aux enfants, les obligations sont multiples : *Les enfants et adolescents* ***doivent*** *être protégés contre l'exploitation économique et sociale. Le fait de les employer à des travaux de nature à compromettre leur moralité ou leur santé, à mettre leur vie en danger ou à nuire à leur développement normal* ***doit*** *être sanctionné par la loi. Les États* ***doivent*** *aussi fixer des limites d'âge au-dessous desquelles l'emploi salarié de la main d'œuvre enfantine sera interdit et sanctionné par la loi* ». Le PIDESC impose ici aux États d'instaurer une véritable politique pénale (à rapprocher de l'article 24 du PIDCP).

L'article 11 érige l'État en véritable garant du bien-être des individus : *Les États parties au présent Pacte reconnaissent le droit de toute personne à un niveau de vie suffisant pour elle-même et sa famille, y compris une nourriture, un vêtement et un logement suffisants, ainsi qu'à une amélioration constante de ses conditions d'existence…le droit fondamental qu'a toute personne d'être à l'abri de la faim.* Comparé aux autres textes internationaux, cet article est, à notre connaissance, celui qui énonce de façon la plus large ce droit à un niveau de vie suffisant. Le raisonnement est somme toute basique : l'homme qui a faim n'a pas la possibilité de faire valoir ses droits. Si ce droit n'est pas énoncé en premier, c'est en raison de l'affirmation de la valeur travail en société, le travail étant supposé fournir les ressources qui permettront à l'homme de se nourrir et d'être à l'abri de la faim.

Le caractère scrupuleux de l'énoncé de ce droit permet d'envisager si l'État ne respecte pas ses obligations une action en responsabilité à son encontre, selon le Comité des droits économiques et sociaux. « *Toute personne ou tout groupe qui est victime d'une violation du droit à une nourriture suffisante devrait avoir accès à des recours effectifs, judiciaires ou autres, aux échelons tant national qu'international. Toutes les victimes de telles violations ont droit à une réparation adéquate – réparation, indemnisation, gain de cause ou garantie de non-répétition* »[47]. On comprend alors la réticence des États à admettre que le PIDESC dispose d'un effet direct. Sans compter que la mise en œuvre de ces actions en responsabilité a de fortes chances de se heurter aux alinéas a et b de l'article 11 relatif à la coopération internationale et aux programmes concrets dont la mise en œuvre a vocation à rendre effectif « *le droit fondamental qu'a toute personne d'être à l'abri de la faim* ». Que penser alors d'une absence de coopération internationale indépendante du comportement de l'État ? La souveraineté étatique s'oppose en effet à ce qu'un État soit contraint à passer un contrat avec un autre État. L'affirmation du droit, en dépit du propos néanmoins au conditionnel du Comité, ne signifie donc pas forcément que l'État soit par principe débiteur si un individu constate des manquements à l'article 9. Enfin, une survalorisation de cet article ne doit pas avoir pour conséquence de porter atteinte à la réalisation de l'article 6 relatif au droit au travail qui prime dans l'énoncé des droits.

L'article 12 complète la protection sociale dont doit bénéficier un individu à partir de la reconnaissance du « *droit qu'a toute personne de jouir du meilleur état de santé physique et mentale qu'elle soit capable d'atteindre* » en énumérant une série de mesures concrètes limitativement énumérées – l'article ne mentionne pas l'adverbe notamment :

---

47. Observation générale no 12 : Le droit à une nourriture suffisante, 20ème session, 1999, HRI/GEN/1/Rev.9 (Vol.I) page 67.

a) La diminution de la mortinatalité et de la mortalité infantile, ainsi que le développement sain de l'enfant ;

b) L'amélioration de tous les aspects de l'hygiène du milieu et de l'hygiène industrielle ;

c) La prophylaxie et le traitement des maladies épidémiques, endémiques, professionnelles et autres, ainsi que la lutte contre ces maladies ;

d) La création de conditions propres à assurer à tous des services médicaux et une aide médicale en cas de maladie.

A travers cet article, il est possible de disposer d'indicateurs chiffrés et de comparaisons objectives d'une année sur l'autre. La justiciabilité de ce droit devient alors plus simple : l'État faillit à sa mission si les critères définis par l'article 12 se dégradent. D'ailleurs, le Comité n'emploie pas cette fois le conditionnel lorsqu'il parle d'un droit au recours – « *toute personne ou groupe victime d'une atteinte au droit à la santé doit avoir accès à des recours effectifs, judiciaires ou autres, à l'échelle nationale et internationale* ». Il faut toutefois supposer davantage une action collective qu'une action individuelle. Ce n'est pas par exemple parce qu'il y a une augmentation de la mortalité infantile dans un pays qu'il est possible d'en déduire un préjudice individuel susceptible de faire l'objet d'une indemnisation.

Enfin, cet article introduit une préoccupation nouvelle : la considération de la qualité de l'environnement dans la réalisation des droits économiques, culturels et sociaux. On soulignera toutefois que cet article n'envisage l'environnement que par rapport et en fonction de l'individu. Comparativement, la Déclaration de Rio intervenue en ses articles 1 à 4 renversent les perspectives et érigent la protection de l'environnement en « *partie intégrante du processus de développement* »[48]. Bref, comme pour la famille, les

48. Déclaration de Rio sur l'environnement et les forêts, Rio de Janeiro, Brésil

conceptions actuelles peuvent rendre insuffisantes la référence au pacte.

La mise en parallèle des énoncés relatifs aux droits au travail et à la protection sociale accentue la dynamique paradoxale de notre époque : des individus qui cherchent tout à la fois à s'émanciper du lien social et à en bénéficier. L'équilibre entre les prérogatives étatiques et le respect des droits des individus n'en est que plus difficile à trouver. Peut-être trouve-t-il dans le contentieux de la Cour européenne des droits de l'homme sa meilleure expression : la convention en tant que telle ne consacre aucun droit à la sécurité sociale ni un droit de percevoir une prestation sociale ; en revanche, à partir du moment où un individu remplit toutes les conditions pour bénéficier de la prestation, il devient détenteur d'un droit patrimonial et la condition de nationalité ne peut lui être imposée en vertu du principe de non-discrimination[49].

c) Articles relatifs à l'Éducation

Les articles 13 et 14 concernent le droit à l'éducation et sa mise en œuvre.

Sur le droit à l'éducation, il est stipulé que « *l'éducation **doit** viser au plein épanouissement de la personnalité humaine et du sens de sa dignité et renforcer le respect des droits de l'homme et des libertés fondamentales. Ils conviennent en outre que l'éducation **doit** mettre toute personne en mesure de jouer un rôle utile dans une société libre, favoriser la compréhension, la tolérance et l'amitié entre toutes les nations et tous les groupes raciaux, ethniques ou religieux et encourager le développement des activités des Nations Unies pour le maintien de la paix* ». Pour cela, les États doivent instaurer un enseignement primaire obligatoire et gratuit accessible à tous et,

3-14 juin 1992, http://www.un.org/french/events/rio92/rio-fp.htm

49. P. Mavridis, *Les juridictions européennes et leurs interventions dans le domaine de la Protection sociale, Regards*, vol. n° 47, no. 1, 2015, pp. 71-95.

pour le secondaire comme pour l'enseignement supérieur instaurer progressivement la gratuité afin de faciliter l'accès aux études (art. 13 a, b, c). Une nuance importante de rédaction entre les alinéas consacrés à l'enseignement : l'enseignement secondaire « *doit être généralisé et rendu accessible à tous* » ; l'enseignement supérieur « *doit être rendu accessible à tous en pleine égalité, en fonction des capacités de chacun* ». Un processus de sélection des étudiants pour l'entrée à l'université paraît donc compatible avec l'article 13 c.

Sur la mise en œuvre du droit à l'éducation, on soulignera les éléments suivants :

- article 13 e : *Il faut poursuivre activement le développement d'un réseau scolaire à tous les échelons, établir un système adéquat de bourses et améliorer de façon continue les conditions matérielles du personnel enseignant.* Nous sommes une nouvelle fois en présence d'une obligation dont il est possible de constater objectivement les éventuels manquements de l'État.

- le fait que l'obligation incombe à l'État ne doit pas empêcher le développement d'écoles privées afin que les parents puissent transmettre une éducation religieuse. C'est le corollaire de l'article 18 du PIDCP en vertu duquel « *Les États parties au présent Pacte s'engagent à respecter la liberté des parents et, le cas échéant, des tuteurs légaux de faire assurer l'éducation religieuse et morale de leurs enfants conformément à leurs propres convictions* ». Reste inévitablement un problème de conciliation entre les valeurs religieuses et les objectifs fixés au droit à l'éducation. Encore une fois, les textes favorisent l'expression de tendances contradictoires avec une subjectivisation identitaire de l'éducation au détriment du projet politique commun qui est supposé structurer l'éducation afin de faciliter l'avènement du citoyen au sens fort du terme, au sens d'un individu susceptible de disposer des armes pour s'approprier le débat public et y contribuer. A présent, le citoyen devient le titulaire de droits dont la réalisation cherche la déconnexion de tout projet commun. Le droit à l'éducation devient une formation au vivre ensemble, c'est-à-dire à la cohabitation des subjectivités et toute la difficulté contemporaine réside dans l'amphibologie des termes utilisés : les deux conceptions de la citoyenneté reposent sur l'interprétation d'un même texte au point de rendre toujours plus difficile l'émergence d'un consensus sur un sens commun.

Le caractère obligatoire du droit à l'éducation, et plus précisément de la scolarité primaire gratuite et obligatoire, a conduit les rédacteurs du PIDESC à définir une procédure et un délai pour signifier aux États que leur engagement devait rapidement aboutir en ce domaine (art. 14).

d) Article relatif à la vie culturelle

Article unique, il couvre tout à la fois la participation culturelle mais également les conditions de production scientifique, les règles relatives au droit d'auteur ainsi que l'obligation pour les États de mettre en œuvre des politiques culturelles « *pour assurer le maintien, le développement et la diffusion de la science et de la culture* ». Le texte ne détaille cependant pas les modalités des protections des œuvres.

Si d'une façon générale, ce texte est au fondement de la lutte contre les discriminations envers les femmes au regard de l'accès à la vie culturelle et donc à la vie publique, de façon particulière, nous avons déjà remarqué qu'il pouvait aboutir à un résultat contraire à celui affiché par le PIDESC. Il peut en effet se conjuguer avec l'article 27 du PIDPC qui reconnaît le droit aux « *minorités ethniques, religieuses ou linguistiques* » d'avoir « *leur propre vie culturelle, de professer et de pratiquer leur propre religion, ou d'employer leur propre langue* ». Vu sous cet angle, la justiciabilité de ce droit n'implique pas tant un problème de reconnaissance que de conciliation et d'équilibre entre les valeurs respectives promues par les différents textes.

La présentation des différents droits nous a permis de soulever deux problèmes :

- les enjeux et les difficultés de leur justiciabilité, c'est-à-dire la possibilité de les invoquer devant les tribunaux pour faire sanctionner les manquements de l'État à ses obligations ;

- les enjeux et les difficultés de maintenir la norme comme idée régulatrice impliquant un lien social à une époque où les nouvelles technologies comme les revendications culturelles tendent plutôt à désafilier l'individu de la sphère publique.

Dans ce cadre, d'un point de vue formel, on retiendra donc que le simple énoncé d'un droit ne conditionne pas automatiquement sa réalisation. Il importe de se soucier des termes utilisés et de pondérer l'interprétation au regard bien évidemment de la situation mais surtout des autres textes. D'un point de vue substantiel, les conflits d'interprétation sur les mêmes termes que nous avons évoqués confirment que le débat sur la judiciarisation des droits de l'homme ne peut intervenir sans une réflexion plus générale sur une conception du lien social. Comme nous le verrons, cette contradiction rejaillit pleinement lorsque les associations intentent des actions pour engager la responsabilité de sociétés ayant manqué à leurs engagements en matière de droits de l'homme et subissent en réaction de ces sociétés des procès en diffamation.

La quatrième partie décrit la procédure qui, à l'époque de la promulgation du pacte, avait été définie pour contrôler la mise en œuvre de ses dispositions. Le rappel de ces règles permettra ensuite d'apprécier la rupture que représente l'adoption du Protocole facultatif relatif aux droits économiques, culturels et sociaux.

4) Procédure relative au respect du Pacte

La quatrième partie se compose de 10 articles qui décrivent la manière dont les États se sont engagés lors de la ratification du

PIDESC à mettre en œuvre ses dispositions. En l'état actuel, les États qui n'ont pas ratifié le Protocole facultatif restent tenus par cette procédure. C'est un contrôle non-juridictionnel qui repose essentiellement sur les rapports que transmettent les États distinct en cela d'un contrôle juridictionnel, voire du contrôle sur plainte défini par le PIDCP[50].

Le pacte décrit une procédure non-juridictionnelle dans sa mise en œuvre : elle repose sur des rapports rédigés par des États et adressés à au Secrétariat général des Nations Unies qui les transmet ensuite au Comité économique et social (art. 16). C'est une procédure non-juridictionnelle dans son déroulement : ce sont les États qui peuvent discuter des recommandations qui peuvent être formulées à la suite de l'examen des rapports. Passée cette étape qui ne donne en aucune manière lieu à des mesures contraignantes à l'encontre de l'État dont le rapport a été examiné, il est en outre prévu que « *le Conseil économique et social pourra conclure des arrangements avec les institutions spécialisées, en vue de la présentation par celles-ci de rapports relatifs aux progrès accomplis quant à l'observation des dispositions du présent Pacte qui entrent dans le cadre de leurs activités. Ces rapports pourront comprendre des données sur les décisions et recommandations adoptées par les organes compétents des institutions spécialisées au sujet de cette mise en œuvre* » (art. 18) – là encore, les termes utilisés excluent par principe toute contrainte.

Les articles suivants détaillent les options dont dispose le Conseil économique et social au regard des autres institutions des Nations Unies : renvoi à la Commission des droits de l'homme (art. 19) ; présentation « ***de temps en temps*** *à l'Assemblée générale des rapports contenant des recommandations de caractère général et un résumé des renseignements reçus des États parties au présent Pacte et des institutions spécialisées sur les mesures prises et les progrès*

50. Nous reprenons cette classification de F. Sudre, *Droits de l'homme*, Rep. Dalloz, *Droit international*, ed. 2004, actualisation 2016.

accomplis en vue d'assurer le respect général des droits reconnus dans le présent Pacte » (art. 21) ; possibilité « *de* ***porter à l'attention*** *des autres organes de l'Organisation des Nations Unies, de leurs organes subsidiaires et des institutions spécialisées intéressées qui s'occupent de fournir une assistance technique toute question que soulèvent les rapports mentionnés dans la présente partie du présent Pacte et qui* ***peut*** *aider ces organismes à se prononcer, chacun dans sa propre sphère de compétence, sur* ***l'opportunité*** *de mesures internationales propres à contribuer à la mise en œuvre effective et progressive du présent Pacte* ». Les termes soulignés par nous contrastent fortement avec l'utilisation du verbe « devoir » présents dans les articles précédemment étudiés pour rendre compte des obligations qui incombent aux États. C'est l'expression parfaite de l'appellation contradictoire du droit international de droit sans sanction, voire de sa qualité imparfaite[51]. Contradiction qu'exprime l'article 23 lorsqu'il rend compte de la manière dont les États vont convenir de la manière dont ils vont accepter les recommandations formulées à leur encontre. L'article 24 conforte cet édifice : il stipule qu'« *Aucune disposition du présent Pacte ne doit être interprétée comme portant atteinte aux dispositions de la Charte des Nations Unies et des constitutions des institutions spécialisées qui définissent les responsabilités respectives des divers organes de l'Organisation des Nations Unies et des institutions spécialisées en ce qui concerne les questions traitées dans le présent Pacte* ». Dès lors, un État peut parfaitement soutenir qu'une justiciabilité des droits reviendrait à porter atteinte aux responsabilités respectives des différents organes mentionnés dans les articles précédents. Qui plus est, l'interprétation du Pacte oblige en outre à respecter « *le droit inhérent de tous les peuples à profiter et à user pleinement et librement de leurs richesses et ressources naturelles* » (art. 25).

---

51. Pour un exposé des problématiques en droit international un peu ancien mais synthétique, R. Ranjeva, *Les problèmes fondamentaux du droit international public*, 1992,
http://www.bibliotheque.auf.org/doc_num.php?explnum_id=418

C'est un peu comme si les États s'étaient évertués à désamorcer dans la quatrième partie du PIDESC les virtualités contenues dans la troisième partie. D'un côté, une procédure interétatique n'est pas suffisante pour assurer l'effectivité des droits énoncés dans un pacte. On rappellera à cet effet que ce n'est qu'à partir du moment où les individus ont pu formuler des recours devant la Cour européenne des droits de l'homme pour se prévaloir des droits énoncés dans la Convention européenne de sauvegarde des droits de l'homme et des libertés fondamentales que les droits de l'homme ont pénétré les ordres juridiques européens. Ce n'est qu'une fois les droits reconnus aux individus que le pacte deviendra une référence dans l'ordre juridique.

De l'autre, on ne peut que constater la dimension performative des règles énoncées dans le pacte, c'est-à-dire le fait que la simple énonciation d'un droit est susceptible de modifier l'ordonnancement de l'ordre juridique. Le Comité économique et social a formulé sur chaque article des observations conséquentes de façon à créer une dynamique interprétative et à justifier que les droits fassent l'objet d'une reconnaissance expresse au sein de la hiérarchie des normes des États. Au titre de cette dynamique interprétative, le principe de non-discrimination joue un rôle central qu'il convient, pour en mesurer la portée, de le distinguer du principe d'égalité.

5) Distinction entre principe d'égalité et principe de non-discrimination

Il convient ici d'expliquer pourquoi la proclamation du principe d'égalité dans la Déclaration de 1789 n'a pas empêché le maintien d'inégalités et en même temps, pourquoi le principe de non-discrimination s'inscrit dans une logique distincte de celle du principe d'égalité.

Conformément à l'article 1er de la Déclaration des droits de l'homme et du citoyen de 1789, « *Les hommes naissent et demeurent libres et égaux en droits. Les distinctions sociales ne peuvent être fondées que sur l'utilité commune* ». Le texte vise à mettre fin à la répartition sociale tripartite entre clergé, aristocratie et royauté. Il fonde également la suite des articles de la Déclaration à l'instar de l'égalité devant la loi, l'égalité quant à l'accès aux emplois publics et l'égalité devant l'impôt. Ces trois extensions sont fondamentales en ce qu'elles donnent une traduction juridique à la Révolution, au sens que J. Monnerot a donné à ce terme - « *changement violent à première vue radical et complet de régime politique… La révolution politique, ce changement de nom des dépositaires et des maîtres de la puissance publique permet, assure, et signifie une transformation qui ne se limite point à la sphère du personnel de gouvernement et de l'appareil d'État, mais intéresse de proche en proche toute ou presque toute la société* » [52]. Mais, nous pourrions dire : le principe juridique d'égalité s'arrête là. A la limite, il trouve son expression achevée dans l'article 3 de la Déclaration des droits de l'homme en date de 1793 : Tous les hommes sont égaux par la nature et devant la loi (c'est nous qui soulignons). Tout dépend donc de la loi[53].

A s'en tenir à cette dimension, en parallèle à l'article 1er précité peuvent se maintenir la distinction entre hommes et femmes, entre riches et pauvres ou entre hommes libres et esclaves. La loi est la même pour tout le monde et ne porte pas atteinte au principe d'égalité : à situations identiques, traitement identique, à situations

---

52. J. Monnerot, *Sociologie de la révolution*, Fayard, 1968, p. 148.
53. Cette interprétation fondée sur la logique juridique contredit frontalement la logique présente dans le texte de 1789. Le philosophe A. Philonenko en rend compte de la manière suivante : « *Ce qui nous déconcerte, c'est le mouvement des idées : ce qui valait en 1789 ne valait plus en 1791, et ce qui valait en 1793 ne valait pas de la force d'un mouvement précis en 1791 en 1789.(…).La réalité juridique était le présent de la norme, la normativité pourait-on dire, et les révolutionnaires ne se sentaient pas plus liés à 89 que les constituants à la vieille féodalité* » in *La mort de Louis XVI*, Bartillat, 2000, p. 256.

différentes, traitement différent. Que l'on soit clair : nous sommes en plein artifice juridique ; le combat politique consiste précisément à subvertir ces distinctions pour faire progresser l'égalité, ce dont témoigne parfaitement la déclaration de 1791 des droits de la femme et de la citoyenne rédigée par Olympe de Gouge[54]. Toute l'ambivalence de la Révolution française réside dans la double face de l'expression du principe d'égalité : l'égalité juridique ne coïncide pas avec l'égalité politique. Faute d'être dotée d'une dimension juridique, les droits de l'homme peuvent parfaitement s'accommoder d'inégalités à partir du moment où les critères de distinction maintiennent un semblant d'objectivité.

Le sociologue Celestin Bouglé analyse parfaitement le hiatus que cela peut susciter : « *lorsque nous organisons une association, conformément à certains principes universels, à l'aide des moyens particuliers que, nous trouvons à notre disposition, en un cercle limité, nous ne nions nullement les droits du reste des hommes à organiser, conformément aux mêmes principes, des associations en d'autres cercles. Autre chose est ne pas établir de rapports juridiques avec eux, autre chose établir de tels rapports sur un pied d'inégalité* »[55]. Par extension, il n'y a aucune atteinte aux droits de l'homme lorsqu'un État distingue entre les réfugiés et les nationaux mais seulement une variation du principe d'égalité, moralement contestable mais juridiquement, voire politiquement, fondée.

La vraie rupture, c'est quand, contrairement à l'article premier, les textes nationaux établissent une distinction systématique en fonction des origines de naissance de l'individu puisque cela contredit textuellement l'article premier. Nous ne sommes pas dans ce cas en présence d'un traitement différent d'une situation différente mais en présence d'un rapport d'inégalité. La leçon de la

54. Cf article 1er de la Déclaration des droits de la femme et de la citoyenne de 1791 : « *La femme naît libre et demeure égale à l'homme en droits. Les distinctions sociales ne peuvent être fondées que sur l'utilité commune* ».
55. C. Bouglé, *Les idées égalitaires*, 1925. p. 26.

seconde guerre mondiale peut ainsi être formulée : le principe d'égalité n'est pas suffisant pour faire respecter les droits s'il n'y a pas une limite à la capacité du politique d'établir des distinctions[56].

Les textes relatifs aux droits de l'homme après la seconde guerre mondiale enregistrent cette donnée fondamentale :

- préambule de la Constitution française du 27 octobre 1946 : le peuple français proclame à nouveau que tout être humain, sans distinction de race, de religion ni de croyance, possède des droits inaliénables et sacrés.

- Déclaration universelle des droits de l'homme du 10 décembre 1948 : Chacun peut se prévaloir de tous les droits et de toutes les libertés proclamés dans la présente Déclaration, sans distinction aucune, notamment de race, de couleur, de sexe, de langue, de religion, d'opinion politique ou de toute autre opinion, d'origine nationale ou sociale, de fortune, de naissance ou de toute autre situation.

La nuance qu'introduit le texte onusien est le suivant : il ne se contente pas de rappeler le principe acquis depuis la Révolution française - *Tous sont égaux devant la loi et ont droit sans distinction à une égale protection de la loi.* Il ajoute en plus dans le même article que « *Tous ont droit à une protection égale contre toute discrimination*

---

56. H. Arendt, dans un texte polémique, a utilisé, sans s'en rendre compte, le même type d'arguments que ceux mis en avant par les hommes politiques de l'avant-guerre pour justifier les lois que l'on qualifierait aujourd'hui de discriminatoires. Cf H. Arendt, *Reflections on Little Rock*, Dissent, 1959, p. 45-56, spec. p. 46 à propos de la segregation : *The American Republic is based on the equality of all citizens" and while equality before the law has become an· inalienable principle of all modern constitutional government, equality as such is of greater importance in the political life of a republic than in any other form of government. The point a t stake, therefore, is not the well-being of the Negro population alone, but, at least in the long run, the survival of the Republic".* Où l'on comprend que le refus conceptuel de prendre en compte la dynamique juridique des situations aboutit non seulement à des contresens mais aussi à l'expression d'énormités.

qui violerait la présente Déclaration et contre toute provocation à une telle discrimination ». Il introduit ici la possibilité de contester les distinctions politiques qui seraient établies sur un motif considéré comme illégitime à l'instar de ceux énoncés dans le Préambule[57].

Ce mode de contestation ne se contente pas de compléter le principe d'égalité ; il en renouvelle radicalement la portée et induit des conséquences sur l'ensemble de la société et des règles de droit qui la structurent.

Dans son ouvrage sur les idées égalitaires, C. Bouglé a montré le lien entre la complication sociale et le développement des idées égalitaires pour établir un lien entre cette évolution sociale qu'il distingue d'une simple différenciation sociale. La dynamique de cette idée d'égalité, c'est progressivement de supprimer la persistance institutionnelle d'inégalités. L'étude explique ainsi non seulement pourquoi ces idées qui trouvent leur expression la plus manifeste dans l'article 1er précité de la Déclaration de 1789 se sont d'abord développées en Occident - cause de la complication des sociétés - mais aussi comment ces idées modifient la teneur des rapports sociaux - conséquence de la propagation des idées égalitaires et non du simple principe d'égalité compte tenu du fait qu'il a pénétré toutes les strates sociales. A la dynamique ascendante et imprégnée de morale propre à cet auteur, le principe de non-discrimination oppose un autre mouvement qui introduit aujourd'hui une dialectique avec le principe d'égalité et contribue à la complexification – terme propre à la sociologie de N. Luhmann[58] – et non plus à la complication. Cette complexification, c'est d'une

---

57. Notre approche diffère en cela de la perspective retenue par D. Schnapper. Cf D. Schnapper, « *Les enjeux démocratiques de la statistique ethnique* », Revue française de sociologie, n°49, 2008, p. 133-139, spéc. p. 136. « *La lutte contre les discriminations s'inscrit dans les valeurs communes d'égalité devant la loi ainsi que devant les « places » et les « emplois publics », pour reprendre les termes de l'article 6 de la Déclaration des droits de l'homme et du citoyen de 1789. C'est un des éléments de l'exigence démocratique et, à ce titre, on comprend qu'elle s'impose de plus en plus* ».

part, tout simplement l'impossibilité de distinguer clairement sur la base de la contestation des droits de l'homme et de sa modalité, le principe de non-discrimination, le champ politique du champ juridique et, d'autre part, un bouleversement d'ensemble de l'articulation des branches du droit.

La discrimination est devenue un critère général d'appréciation des comportements comme si toute distinction était devenue illégitime, par delà les critères posés par les textes. L'exposé des différentes formes de discriminations permettra de montrer en quoi la lutte contre les discriminations peut se révéler antinomique avec le combat pour l'égalité.

Il y a tout d'abord la discrimination directe et la discrimination indirecte. Pour reprendre les définitions posées par les textes, « *Constitue une discrimination directe la situation dans laquelle, sur le fondement de son appartenance ou de sa non-appartenance, vraie ou supposée, à une ethnie ou une race, sa religion, ses convictions, son âge, son handicap, son orientation sexuelle ou son sexe, une personne est traitée de manière moins favorable qu'une autre ne l'est, ne l'a été ou ne l'aura été dans une situation comparable* ». Est sanctionné l'individu qui manifeste une attitude de rejet, ignorant ainsi délibérément les caractéristiques de la personne envers laquelle elle agit. La discrimination directe renforce en somme la lutte contre les préjugés et les attitudes de rejet. Cette définition est complétée par celle de la discrimination indirecte : « *Constitue une discrimination indirecte une disposition, un critère ou une pratique neutre en apparence, mais susceptible d'entraîner, pour l'un des motifs mentionnés au premier alinéa, un désavantage particulier pour des personnes par rapport à d'autres personnes, à moins que cette disposition, ce critère ou cette pratique ne soit objectivement justifié par un but légitime et que les moyens pour réaliser ce but ne soient*

58. Nous signalerons au passage que si N. Luhmann nous aide à comprendre la dynamique contemporaine avec le concept d'autopoïèse, la conceptualisation originelle de C. Bouglé n'en est pas très éloignée.

nécessaires et appropriés» [59]. Dans ce cas, c'est par analyse de la situation et recoupement que la discrimination va finalement être démasquée à l'instar d'une mesure apparemment neutre qui porterait systématiquement préjudice à la même catégorie de personnes.

Ensuite, le juriste a appris en quelques années à identifier les discriminations à rebours – cas où la personne ne rentre pas dans la situation qui lui permettrait de se prévaloir du principe de non-discrimination – mais aussi les discriminations par ricochet – cas où une personne est victime par exemple d'une mesure de licenciement en raison de l'adhésion de son conjoint à une secte[60]. Et puis, de façon structurante à présent dans le débat politique ressurgit la proposition d'introduire en droit positif le principe de discrimination positive de façon à favoriser ce qui, pour des raisons sociologiques, partiraient dans certaines situations avec un désavantage au regard de la majorité. Ainsi, la discrimination non seulement combat les distinctions nécessaires à l'application du principe d'égalité mais également l'idée même d'égalité.

Dans ce cadre, tout n'est que question de lutte contre les discriminations. Le changement de vocable illustre la différence avec la logique d'égalité qui s'inscrit, elle, dans un combat pour l'égalité (c'est nous qui soulignons). Par exemple, si tout le monde est traité à égalité, comme par exemple à travers la loi sur l'interdiction des insignes religieux dans les établissements scolaires, est-ce que ce n'est pas une discrimination indirecte à l'encontre de ceux qui ne participent pas de la culture dominante ? Le principe d'égalité, bras armé de l'émancipation dans la conception républicaine française, est ici contesté au nom de ce

59. Article 1er de la Loi n° 2008-496 du 27 mai 2008 portant diverses dispositions d'adaptation au droit communautaire dans le domaine de la lutte contre les discriminations

60. S. Detraz, *La discrimination « par ricochet » : un aspect latent du délit de discrimination*, Droit pénal, juin 2008, étude 10.

qu'il combat : le maintien de sa différence individuelle envers et contre tous. La condamnation de la loi sur les signes religieux repose sur cette conception des choses au niveau du Conseil des droits de l'homme dont les propos sont dénués de toute ambigüité. Cette instance « *engage instamment tous les États à veiller à ce que tous les agents publics, en particulier les membres des services de maintien de l'ordre, les militaires, les fonctionnaires et les enseignants, respectent toutes les religions et convictions et s'abstiennent de toute discrimination pour des raisons de religion ou de conviction dans l'exercice de leurs fonctions officielles et à faire en sorte que toute l'éducation ou la formation nécessaire et appropriée leur soit dispensée ; Souligne que, comme le prescrit le droit international relatif aux droits de l'homme, chacun a droit à la liberté de religion et que l'exercice de ce droit comporte des obligations et des responsabilités particulières et peut donc être soumis à certaines restrictions, mais uniquement celles qui sont prévues par la loi et nécessaires au respect des droits ou de la réputation d'autrui, ou à la protection de la sécurité nationale ou de l'ordre public, de la santé ou de la morale publique* » [61]. L'invocation du principe de non-discrimination sert ici clairement à combattre les objectifs recherchés d'une politique fondée sur le principe d'égalité.

Par delà même l'enjeu culturel, l'idée même de combat pour l'égalité sociale est en train d'évoluer, voire de régresser si on prend pour critère d'appréciation la dynamique mise à jour par C. Bouglé. A titre d'illustration, la distinction homme-femme peut également être constitutive d'une discrimination en dépit du fait que, sauf erreur de notre part, la grossesse continue de rester l'un des attributs de la féminité. Dès lors, il faut accorder aux hommes les mêmes avantages, c'est la version positive du principe de non-discrimination. Ou alors, version négative, il faut supprimer les

61. Conseil des droits de l'homme, Résolution 7/19. *La lutte contre la diffamation des religions*, séance du 27 mars 2008, la résolution a été adoptée par 21 voix contre 10, avec 14 abstentions.

avantages dont bénéficient les femmes de façon à mettre fin à une situation discriminatoire. D'où le débat sur la bonification des retraites des femmes ou comment la réforme des retraites repose sur une argumentation du gouvernement qui invoque les valeurs de l'égalité pour remettre en cause un acquis social.

Vu sous cet angle, le concept de « démocratie providentielle »[62] qui aurait pour objet l'intervention croissante de l'État pour satisfaire des revendications sociales illimitées nous paraît incomplet : il minore, à notre avis, tout à la fois la dynamique du principe de non-discrimination et la dynamique contemporaine de désafiliation étatique. Nous pensons plutôt que si le principe de non-discrimination participe du combat et de la revendication pour l'égalité, il change la logique de ce combat pour survaloriser l'identité sur l'égalité. L'égalité par la différenciation comme par le nivellement résultant du principe de non-discrimination induit un changement d'ensemble de la logique d'égalité et de son impact social.

C'est ce dont témoigne la propagation du principe de lutte contre les discriminations par le biais d'un plan médiatique qui ne se résume pas comme sous la troisième République à des commémorations ponctuelles de l'égalité et de la fraternité. Ce fut tout l'enjeu de la Haute Autorité de Lutte contre les Discriminations et pour l'Egalité dont les attributions ont été transférées à une autorité disposant aujourd'hui d'un fondement constitutionnel : le Défenseur des droits (art. 71-1 de la Constitution). Au titre des initiatives qui favorisent ce réflexe permanent de lutte contre les discriminations, nous relèverons une campagne de publicité télévisuelle incitant les individus à se prendre dans les bras les uns et les autres indépendamment de leurs différences mais, également, en rupture complète avec la conception classique de l'égalité l'étude des manuels scolaires sur le fondement suivant : « *En transmettant*

62. D. Schnapper, *La Démocratie providentielle. Essai sur l'égalité contemporaine*, Gallimard, 2002.

des savoirs, les manuels scolaires proposent des représentations de la société. Ils peuvent véhiculer des représentations stéréotypées qui peuvent être à l'origine des discriminations. Cette étude a pour objectif d'une part, d'évaluer comment est traitée la question de l'égalité et des discriminations. D'autre part, elle s'attache à repérer la présence de stéréotypes renvoyant à des critères de discrimination comme l'origine, le sexe, le handicap, l'orientation sexuelle et l'âge » (présentation du rapport présenté par la HALDE).

La substitution du Défenseur des droits à la HALDE ne modifie en rien cette évolution. A la limite, le vocable utilisé confirme la dynamique moderne des droits de l'homme : une technique de contestation systématique de l'autorité étatique. La lutte contre les discriminations fait partie de ses attributions[63] et son représentant a clairement affirmé inscrire son action dans le prolongement de celle de l'autorité antérieure[64]. Cet organe dont la légalité, contrairement aux débats qui avaient accompagné le fonctionnement de la HALDE[65], n'est plus contestable sont considérables – nous soulignerons ici tout particulièrement que la loi organique a confirmé le droit antérieurement reconnu à la HALDE d'intervenir dans les tribunaux ou de participer à la résolution d'un conflit. Il s'est en outre fixé comme mission d'assurer « *le suivi de respect des obligations internationales de la France et au suivi de l'exécution des*

---

63. Cf article 4 de la loi organique n° 2011-333 du 29 mars 2011 relative Au défenseur des droits : « *Le Défenseur des droits est chargé : De lutter contre les discriminations, directes ou indirectes, prohibées par la loi ou par un engagement international régulièrement ratifié ou approuvé par la France ainsi que de promouvoir l'égalité.* »
64. Cf D. Baudis, Rapport du Défenseur des Droits, 2011, Editorial, « Une société blessée par le « fléau des discriminations », dont le président de la Haute autorité de lutte contre les discriminations et pour l'égalité (Halde), E. Molinié, rappelait qu'« *elles sont une forme d'injustice particulièrement révoltante qui mine le pacte républicain.* »
65. Cf J. Amar, *La HALDE, entre lutte contre les discriminations et normalisation des comportements*, Controverses, n°12, 2009, p. 77-93.

arrêts de la Cour européenne des Droits de l'homme condamnant la France pour violation de la Convention européenne ».

Dans une simple approche positiviste, il n'y aurait ici qu'un transfert de compétence auparavant exercée par le Médiateur de la République dont la fonction a également été absorbée par le Défenseur des droits. Ce serait, à notre sens, une erreur : là où le Médiateur de la République n'intervenait que dans les conflits avec les services publics, le Défenseur dispose d'un droit d'agir et de prérogatives beaucoup plus larges. D'ailleurs, le Défenseur des droits est depuis décembre 2016 le protecteur des lanceurs d'alerte. Les termes de la mission ne doivent pas donner le sentiment inverse : il s'agit de l'ensemble de la jurisprudence de la Cour – « *Elle participe d'une volonté d'accroître la sensibilisation des autorités nationales aux standards de la Convention, à l'autorité de chose jugée attachée aux arrêts de la Cour. Elle l'incite à mener une veille jurisprudentielle permettant de garantir l'effectivité des droits et, ainsi, éviter les condamnations répétitives* ». Nous pouvons donc estimer que le changement institutionnel de 2011 ne se limite pas à une simplification du droit ; il participe d'une mutation plus profonde dont la terminologie est le reflet à travers notamment la généralisation de l'emploi des mots lutte, défense[66] et les attributions de l'institution le vecteur de la diffusion en France du nouvel ordre international décrit précédemment.

La diffusion des droits de l'homme, pilier du mode de transmission des savoirs dans l'enseignement, se confond donc avec le principe de lutte contre les discriminations.

En cela, la dimension juridique induit un changement politique profond. Si toute distinction pose problème, il devient impossible de discriminer le national et l'étranger. En effet, cette distinction est une discrimination en ce qu'elle repose nécessairement sur un

---

66. La comparaison avec le droit fiscal est ici éloquente à travers l'emploi du terme pendant quelques années de bouclier fiscal.

critère illégitime[67]. Bref, nous changeons de conception de la politique pour évoluer dans un contexte juridique déterritorialisé et dénationalisé, soit tout le contraire de la conception républicaine du droit.

Il en découle un nouvel équilibre du champ juridique par rapport au champ politique tant sur le plan national qu'international : le principe de non-discrimination n'est rien d'autre qu'un mode de contestation de l'action politique, ce que l'on peut traduire comme une restriction ou un abandon de souveraineté, à l'image des conséquences induites par la dynamique de la construction européenne et portées par les multiples révolutions technologiques.

Il faut se rendre à l'évidence : si notre conception de l'égalité évolue, il est logique qu'en tant que soubassement de tout le droit positif, cela se répercute sur l'ensemble des règles, ce qu'a clairement énoncé le défenseur des enfants dans son rapport 2011[68] et qui depuis, s'est largement confirmé.

Nous savons en effet depuis E. Durkheim que l'analyse de l'évolution des règles de droit et, plus particulièrement du droit pénal permet d'identifier les changements sociaux. Durkheim fondait son raisonnement sur la nature des peines prononcées à travers l'histoire pour distinguer les types de société[69]. Il est vrai qu'à

---

67. Délibération de la Halde n° 2009-15 du 26 janvier 2009 : « *Compte tenu de ce qui précède, la non-admission d'adhérents étrangers en qualité de représentants d'associations de parents d'élèves au sein des commissions locales des bourses de l'établissement public français caractérise une discrimination fondée sur l'origine nationale dans le droit à la liberté d'association, contraire à l'article 11 de C.E.D.H. combiné avec son article 14* ».
68. Rapport Défenseur des droits, précit. p. 32 : « *Au plan juridique par ailleurs, si le Médiateur de la République et la Cnds ont travaillé dans un environnement très largement stabilisé (droit public et droit pénal), le Défenseur des enfants et la Halde ont exploré et investi de nouveaux paysages du droit (droits de l'enfant, droit de la lutte contre les discriminations)* ».
69. Cf E. Durkheim, *Deux lois de l'évolution pénale*, 1899-1900, ed. uqac.

son époque, le droit pénal issu de la Révolution française présentait une certaine stabilité. L'un des changements majeurs du tournant du siècle, ce fut le passage d'une conception de la responsabilité pour faute à une responsabilité pour risque, ce que F. Ewald a qualifié de « nouveau contrat social ». Dans une perspective similaire, nous avons montré comment se sont imposées les références aux droits de l'homme et à la lutte contre les discriminations. Si, comme nous pensons l'avoir exposé, nous sommes en présence d'une rupture conceptuelle avec le principe classique d'égalité, il est légitime d'estimer que la présentation systématique des conflits par le prisme des droits de l'homme et la généralisation de la lutte contre les discriminations[70] portent en elles une mutation complète de l'équilibre du droit positif[71]. Cette mutation peut être synthétisée à travers l'expression de pénalisation[72] de la société.

Nous partons du constat suivant : en même temps que la référence aux droits de l'homme s'impose comme cadre juridique commun à tous les litiges, la norme pénale a connu une telle croissance que la doctrine parle à ce propos d'« *inflation pénale*[73] », voire d'hyperinflation pénale. Les auteurs à l'origine de ce constat

---

70. Nous rappellerons que nous avons montré dans la première partie à propos du droit communautaire comment le principe de non-discrimination cantonné aux relations de travail est à présent l'objet d'un texte de portée générale.
71. Cf Rapport Défenseur des droits, 2011, op. cit. p. 33 : « *Il appartiendra au Défenseur des droits de continuer à rapprocher ces cultures professionnelles pour en tirer le meilleur profit au service de la protection des droits et libertés individuels* » (les cultures professionnelles sont celles issues d'une répartition classique des branches du droit qui doivent donc se recomposer en vue d'atteindre l'objectif fixé.
72. Le mot pénalisation concerne à l'origine le milieu des compétitions sportives et dérive de pénalité. Il s'est néanmoins imposé pour décrire l'extension du droit pénal dans la société contemporaine. Cf pour une première utilisation du mot dans ce sens : M.-A. Frison-Roche (sous la direction de), *La pénalisation de la vie économique*, Dalloz, 1996.

limitent généralement leur étude aux seules modifications du droit pénal et aboutissent déjà à des résultats impressionnants : de 2002 à 2008, on a ainsi pu montrer que le Code pénal a été l'objet en moyenne d'une modification tous les deux-trois mois[74]. Comparativement, le Code pénal de 1810 faisait partie de l'héritage législatif le plus stable depuis la Révolution française ; il n'a quasiment pas été modifié jusqu'à la seconde guerre mondiale. Sur la période 1994-2009, ce ne sont pas moins de 200 textes de lois qui ont été adoptés en la matière. En outre, les textes adoptés dans les autres matières contiennent bien souvent de nombreuses dispositions pénales. Le simple reflet quantitatif du droit pénal permet donc de conclure à une recomposition des valeurs de la société française.

Certes, la multiplication des infractions donne l'impression extérieure d'un « inventaire à la Prévert » de sorte qu'il peut paraître malaisé d'établir une corrélation avec les textes relatifs aux droits de l'homme. Nous remarquerons toutefois que la diversité des revendications sur la base des droits de l'homme nous a amené à exposer des situations de prime abord saugrenues. Il y a ici une forme d'homologie comme si le renforcement de l'individualisme par l'auto-justification constante résultant de la référence aux droits de l'homme entraînait une perception différente des enjeux de sécurité. A l'aune de cette homologie, il nous paraît légitime d'établir une relation entre les deux phénomènes – augmentation du droit pénal, augmentation du nombre de références au droits de l'homme.

Préalablement, nous soulignerons qu'il s'agit d'une mutation d'ensemble qui n'est pas forcément corrélé à une augmentation de la délinquance. Une étude récente a en effet montré qu'il était difficile de conclure, après analyse des données statistiques sur le

73. Cf C. Lazerges, *La tentation du bilan 2002-2009 : une politique criminelle du risque au gré des vents*, Revue de Sciences Criminelles, 2009, p. 689-701.
74. Art. préc.

sujet, que nous aurions véritablement assisté à « *une très forte flambée de la délinquance dans les toutes dernières années du XXe siècle* » [75]. En revanche, les individus identifient la délinquance « *comme problème de société, global, abstrait en quelque sorte de la situation personnelle du répondant* » [76]. Les auteurs soulèvent deux questions pour rendre compte des préoccupations des personnes interrogées : « *Faut-il y voir une réévaluation des priorités qu'elles assignent à l'État, de la conception même qu'elles s'en font ? Faut-il y lire un recul de la solidarité nationale, une montée de l'indifférence envers le malheur des autres ?* »[77]

Nous pensons que la corrélation droit pénal/droits de l'homme constitue un élément de réponse.

Nous avancerons pour cela les éléments suivants. Tout d'abord, comme il n'est pas possible pour un État d'admettre une discrimination – comme dit la Déclaration universelle, l'État doit protéger contre toute provocation à la discrimination – l'extension du principe de non-discrimination a nécessairement pour corollaire un versant pénal. Plus le domaine de la lutte contre les discriminations s'étend, plus se multiplient les infractions. On rappellera à cet effet que les discriminations peuvent faire l'objet de sanctions civiles et pénales (art. 225-1 du Code pénal).

Ensuite, la ré-articulation de l'ensemble des prétentions en termes de droits de l'homme a contribué à l'émergence dans le discours politique et dans les mots utilisés dans les lois adoptées, un droit à la sécurité qui serait la traduction contemporaine du droit à la sûreté de la Déclaration des droits de l'homme et du citoyen de 1789 (art. 2). Nous sommes en présence d'un discours qui transcende les clivages politiques[78] et de textes qui érigent le droit à la sécurité des individus en principe directeur de la nouvelle

---

75. P. Robert et M.-L. Pottier, *Les préoccupations sécuritaires : une mutation ?*, Revue française de sociologie, n°45, 2004, p. 211-241, spéc. p. 240-241.
76. Ibid.
77. Ibid.

politique pénale[79]. Il n'y aurait donc pas ici un mouvement de « *frénésie sécuritaire* » mais l'expression de l'influence des droits de l'homme sur la société, voire une modalité de la dynamique juridique enclenchée par la référence aux droits de l'homme.

Nous pouvons mettre cette évolution en parallèle à celle décrite récemment par un auteur d'une transformation de l'État social à l'État pénal[80]. Lier démocratie et répression, ou plutôt nécessité de penser différemment la répression, participe de la logique même du travail de Tocqueville : il part en Amérique pour étudier le système pénitentiaire, à la suite de quoi, il écrit « *De la démocratie en Amérique* ». A ce titre, Tocqueville soulignait que « *la législation civile et criminelle des Américains ne connaît que deux moyens d'action : la prison ou le cautionnement. Le premier acte d'une procédure consiste à obtenir caution du défendeur, ou, s'il refuse, à le faire incarcérer ; on discute ensuite la validité du titre ou la gravité des charges. Il est évident qu'une pareille législation est dirigée contre le pauvre, et ne favorise que le riche* ». Pour Tocqueville, cette législation qu'il imputait à l'héritage britannique, contredisait l'esprit démocratique américain. En même temps, subtil, il notait quelques phrases plus

---

78. M. Aubry, 16 novembre 2010 dans une tribune du Monde, « *Pour nous, le droit à la sécurité est une exigence absolue. Partout et pour tous* » ; dans le même sens, B. Hortefeux – 23 juin 2009 – Lors de sa prise de fonctions, « *Le droit à la sécurité partout et pour tous* ».
79. Cf article 1er alinéa 1er des lois du 21 janvier 1995 « *la sécurité est un droit fondamental* »; l'aliéna 2 précise « *l'État a le devoir d'assurer la sécurité* » ; L'article 1er, alinéa 2, de la loi n° 2001-1062 du 15 novembre 2001 relative à la sécurité quotidienne, précise « *qu'elle (la sécurité) est un devoir pour l'État, qui veille, sur l'ensemble du territoire de la République, à la protection des personnes, de leurs biens et des prérogatives de leur citoyenneté, à la défense de leurs institutions et des intérêts nationaux, au respect des lois, au maintien de la paix et de l'ordre publics* ».
80. Cf les thèses de L. D. Wacquant. Pour une synthèse, L. D. Wacquant, *The Penalization of Poverty and the Rise of Neoliberalism."* European Journal on Criminal Policy and Research, special issue on Criminal Justice and Social Policy, 9-4, 2001, 401-412.

loin : « *Les lois civiles ne sont familières qu'aux légistes, c'est-à-dire à ceux qui ont un intérêt direct à les maintenir telles qu'elles sont, bonnes ou mauvaises, par la raison qu'ils les savent. Le gros de la nation les connaît à peine ; il ne les voit agir que dans des cas particuliers, n'en saisit que difficilement la tendance, et s'y soumet sans y songer* »[81]. Il y a donc bien dès l'origine un danger peut-être plus grave que la fameuse « *tyrannie de la majorité* » : le recours systématique au droit pénal pour trancher les affaires quotidiennes.

Tocqueville ne paraît pas envisager que la démocratie puisse développer en son sein une forte législation pénale. Il va même jusqu'à parler d'application bénigne de la loi pénale aux États-Unis. Il ne peut cependant imaginer, comme tous les auteurs de sa génération[82], que les droits de l'homme, de normes politico-morales vont devenir une norme positive suprême d'expression des prétentions et d'appréciation des comportements.

Vu sous cet angle, d'un côté l'État pénal prolonge l'état du droit américain originel. L'État pénal traduit une mutation d'ensemble qui correspond parfaitement aux valeurs modernes de l'individualisme contemporain. Le lien entre droit pénal et droits de l'homme peut ainsi être formalisé comme suit : d'une part, le droit pénal est parfaitement conforme aux valeurs libérales en raison du principe de responsabilité personnelle ; d'autre part, dans un procès civil, chacune des parties à un procès estime être dans son bon droit en raison du processus d'auto-justification propre à l'argumentation fondée sur les droits de l'homme. Dans un procès pénal, le problème n'est plus de savoir qui a raison mais d'identifier un éventuel responsable en fonction d'une nouvelle dichotomie : la position de victime et celle de coupable. Bref, l'une des meilleures façons pour un individu de démontrer qu'il a raison, c'est de faire condamner l'autre par l'État. Le discours sur la nécessaire

---

81. A. de Tocqueville, *De la démocratie en Amérique*, T. I, op. préc. p. 62.
82. Cf P. Bénichou, *Le temps des prophètes, Doctrines de l'âge romantique*, Gallimard, 1977.

reconnaissance des droits des victimes en tant que droits de l'homme ne dit pas autre chose[83].

Différents éléments textuels confirment ce lien entre droit pénal et droits de l'homme : la réécriture du Code pénal s'est faite avec pour cadre de référence les droits de l'homme[84] ; le législateur a changé l'ordre initial pour que l'énoncé des premières infractions concerne les infractions relatives aux personnes et non plus aux biens. Ces infractions sont classées dans deux titres : Des crimes contre l'humanité et contre l'espèce humaine ; des atteintes à la personne humaine. La dignité humaine a également fait son entrée dans le Code pénal – 8 infractions consacrent cette expression. Enfin, au titre des circonstances aggravantes, les peines ont été alourdies chaque fois que l'infraction présente un lien avec un mineur ou avec la traite des êtres humains.

En d'autres termes, l'une des méthodes pour un État de manifester son attachement au respect des droits de l'homme consiste à définir toujours plus d'infractions pour réprimer lesdites atteintes aux droits de l'homme. Ou alors, comme l'illustrent certains débats médiatiques à l'instar de celui sur l'euthanasie, ou sur la prostitution, la revendication sur les droits de l'homme a pour finalité la suppression d'une infraction. Nous voyons donc cohabiter dans la même dynamique droits de l'homme et droit pénal. Pour paraphraser Durkheim avec une différence fondamentale, la substitution du mot individuel à celui de collectif, « *là où le droit pénal est très volumineux, la morale commune est très étendue : c'est-à-dire qu'il y a une multitude de pratiques ~~collectives~~ (individuelles)*

83. Nous renverrons ici aux rapports annuels de la Commission nationale consultative des droits de l'homme.

84. R. Badinter, *Présentation du projet de réforme du Code pénal*, Dalloz, 1989, p. 32 : « *Le nouveau Code pénal doit prendre pour fin première la défense de la personne humaine et tendre à assurer son plein épanouissement en la protégeant contre toutes les atteintes qu'elles visent sa vie, son corps, ses libertés, sa sûreté, sa dignité. Pour exprimer les valeurs de notre temps, le nouveau Code pénal doit être un code humaniste, un code inspiré par les droits de l'homme* ».

placées sous la sauvegarde de l'opinion publique[85]. La coïncidence contemporaine du discours sur les droits de l'homme avec la pratique juridique permet d'y voir une morale commune dont l'expression de toutes les revendications sous le prisme des droits de l'homme est l'apanage. Cette morale toute centrée sur l'individu a pour conséquence, en rupture avec l'évolution décrite du passage d'une solidarité organique fondée sur la différenciation à une solidarité mécanique résultant de la complication sociale, une pénalisation accrue des relations sociales.

L'évolution du droit international confirme également ce lien de plusieurs manières. En dépit de l'expérience de Nuremberg, il faut attendre l'année 1998 pour que soit signé le statut de Rome à l'origine de la création de la Cour pénale internationale – la Cour pénale internationale a été officiellement créée le 1er juillet 2002. Or, comme l'indique le préambule, cette instance se présente comme la continuation des principes de la Charte des Nations Unies - *Réaffirmant les buts et principes de la Charte des Nations Unies* -. Sauf à estimer normal le délai de plus de 50 ans entre la promulgation de la Charte et la création d'une juridiction internationale, cette évolution découle de la mutation complète des valeurs propres à la fin des années 2000 au bénéfice de la référence aux droits de l'homme, largement amplifiée au cours de la dernière décennie.

Plus encore, le statut de Rome a également défini de façon très extensive les infractions sur lesquelles la Cour peut être amenée à se prononcer, ce qui étend d'autant le champ d'application du droit pénal. L'extension peut-être la plus significative concerne l'infraction de crime contre l'humanité qui couvre à présent des comportements aussi divers que la mise en esclavage ou l'apartheid. La définition auparavant classique donnée par A. Frossard – crime d'être né – est reléguée à un alinéa rédigé de la sorte : « *Persécution de tout groupe ou de toute collectivité identifiable pour des motifs d'ordre politique, racial, national, ethnique, culturel,*

85. E. Durkheim, *De la division du travail social*, 1893, ed. uqac, p. 203.

religieux ou sexiste». Depuis l'installation de cet organe, le débat doctrinal relatif à la Cour pénale internationale, porte à présent sur son éventuelle compétence pour se prononcer pour l'intégralité des atteintes aux droits de l'homme, Déclaration universelle et Pactes de 1966 compris. Le mouvement d'extension de la référence aux droits de l'homme se conjugue donc ici aussi avec une plus grande emprise du droit pénal[86].

Cette évolution du droit pénal international se répercute en droit interne avec la possibilité pour les juridictions françaises dans de plus en plus d'hypothèses de bénéficier du principe de compétence universelle. A ce titre, les juges français peuvent, dans certains cas, se prononcer sur des infractions qui n'ont pas été commises sur le territoire national et ne présentent aucun rapport avec une personne, auteur ou victime de l'infraction, de nationalité française. Cette déterritorialisation du droit pénal marque une rupture conceptuelle avec la conception classique de celui-ci et s'inscrit dans le processus plus général de dépolitisation de l'État-nation sous l'égide de la référence à la Déclaration universelle de 1948.

En parallèle à cette évolution, la notion de lutte contre les discriminations occupe de plus en plus une place centrale. Elle constitue à présent un élément de toutes les conventions internationales. Mais, surtout, afin de renforcer la dimension illicite du comportement, il est de plus en plus fréquent de voir le mot discrimination remplacé dans le discours tant médiatique que scientifique par le mot apartheid. C'est le cas par exemple de la description polémique des mesures en matière de protection de l'environnement à l'encontre des populations pauvres[87]. Bien évidemment, on pourrait nous objecter que tout cela ne relève que

86. Cf J. Amar, S. Amar, *Crimes de guerre et crimes contre l'humanité dans le rapport Goldstone*, Controverses, n°13, mars 2010.
87. M. J. Hall, D. C. Weiss, *Avoiding Adaptation Apartheid: Climate Change Adaptation and Human Rights Law*, Yale Journal of International Law, 2012, p. 308-366.

du discours et n'a pas d'impact juridique. Le discours en matière juridique présente toutefois une particularité : il peut devenir effectif et sa portée ne doit donc pas forcément être relativisée. On peut enfin estimer que si les droits de l'homme ont mis autant de temps à passer du simple discours au droit positif, le contexte médiatique propre à notre époque favorise la propagation d'un mot ou d'une expression qui dépasse de loin ce que nous avons pu connaître durant les époques précédentes.

Ironie des choses ou force du dispositif ou encore confirmation de l'importance des normes et du rôle des institutions dans « *la fabrique de l'individu moderne* » [88], ce basculement du droit vers le pénal place les individus à égalité devant la loi. Se cumulent la justice par l'égalité et par la répression.

Le Protocole facultatif se rapportant aux droits économiques, culturels et sociaux est une tentative de résoudre les contradictions qui peuvent résulter de la lecture d'ensemble du PIDESC.

---

88. Nous reprenons ici à notre compte une expression utilisée par P. Legendre à propos de l'homme occidental.

ANNEXE 3 : Les droits de l'homme, un corpus sentimental ?

L'homme des Lumières, au fondement duquel les droits de l'homme dérivent, est classiquement défini comme un être de raison doué d'un sens moral. Mais, tout cela n'est que présupposition. Comme l'écrit Kant, « *Tout homme, en tant qu'être moral, possède en lui, originairement, une telle conscience* ». A défaut pour la raison de postuler l'existence d'une loi morale objective, l'action humaine se confondrait avec le règne de la loi naturelle. Et le philosophe de conclure : « *Ceux qui sont habitués uniquement aux explications physiologiques ne peuvent pas se mettre dans la tête l'impératif catégorique* [89]». Déclarer les droits de l'homme revient donc à vouloir aller contre nature à tous les sens du terme, - culture contre nature, l'homme comme être moral contre l'homme être naturel. Pour être un homme et ne pas se limiter à sa seule

89. Nous reprenons ici la présentation faite par Pinheiro Saftale V. *L'acte au-delà de la loi : Kant avec Sade comme point de torsion de la pensée lacanienne*, Essaim 2/2002, p. 73-106, présentation qui inclut les citations de Kant reprise dans le corps de notre texte.

dimension naturelle, il importe que l'homme érige l'idéal de liberté en idéal régulateur dont la réalisation passe par l'avènement d'un ordre juridique. Pour reprendre l'analyse du philosophe J.-F. Lyotard, « *la Déclaration est un ensemble de phrases qui obéissent au régime spéculatif, au sens kantien*[90] ».

L'ambiguïté majeure, c'est pour reprendre le titre d'un ouvrage célèbre du professeur Ronald Dworkin au XXème siècle que les individus qui ont déclaré les droits de l'homme ne les ont pas forcément pris au sérieux. Ces droits, une fois proclamés, n'ont pas été érigés en norme positive pour régler les conflits qui peuvent surgir au sein d'une société. Un auteur a même relevé que Victor Schoelcher, le militant anti-esclavagiste, ne cite qu'une seule fois dans ses écrits la Déclaration des droits de l'homme de 1789[91]. La Déclaration n'a peut-être eu pour seul objet que le changement de régime, non l'abolition des distinctions jugées naturelles comme celles à l'égard des femmes, des enfants ou des esclaves. L'humanitarisme du XIXème siècle n'existe que dans les discours publics mais non dans ceux des tribunaux.

Dans cette perspective, force est de constater que l'impératif catégorique n'est pas vraiment rentré dans toutes les têtes. Les mêmes époques peuvent alors produire des œuvres aussi apparemment antinomiques que celle de Kant et celle de Sade. La même année le philosophe Ernst Cassirer achève sa *philosophie des formes symboliques* et Hitler publie « *Mein Kampf* ». Les ouvrages se répondent les uns les autres. Ces rapprochements ne sont que la manifestation de la dialectique de la raison ou l'illustration d'une approche structuraliste uniquement parce que l'homme des droits de l'homme n'est pas forcément l'être rationnel que l'on croit.

---

90. Lyotard J.-F., *Le différend*, Minuit, 1980, p. 210.

91. A. Girollet, *Victor Schoelcher, abolitionniste et républicain*, Khartala, 2000, p. 208 : « *Paradoxalement, Schoelcher ne fait pas de référence explicite à la Déclaration des droits de l'homme et du citoyen, à une exception près dans la conclusion de son ouvrage sur Toussaint-Louverture* ».

Comme l'explique le baron d'Holbach, « *l'homme sans culture, sans expérience, sans raison, n'est-il pas plus méprisable et plus digne de haine que les insectes les plus vils ou que les bêtes les plus féroces ?*[92] ». Et c'est parce qu'intellectuellement il devient courant de comparer l'homme à l'animal que la cruauté exercée à l'encontre de l'homme rencontre finalement moins d'obstacle. La Déclaration des droits de l'homme est aussi une déclaration de guerre. « *Désormais, on ne saura plus si la loi ainsi déclarée est française ou humaine, si la guerre menée au nom des droits est de conquête ou d'émancipation, si la violence exercée au titre de la liberté est répressive ou pédagogique* [93]». Désormais, la perception de la cruauté n'est plus la même : tout peut être justifié dans un schéma argumentatif qui fait pendant aux pratiques que l'homme des droits de l'homme dénonce lorsque ces pratiques sont exécutées sous couvert de religion. La sensibilité est la même ; seul le cadre dans lequel s'exercent les comportements cruels diffèrent.

La judiciarisation contemporaine des droits de l'homme, le fait qu'ils aient muté de la sphère politique à la sphère juridique au cours de ces 30 dernières années, contribue pleinement au sacre de l'homme-machine, de l'homme réduit principalement à sa dimension sensible. A présent, la cruauté revêt les apparats de la justice car l'argumentation visant à justifier une pratique s'effectue au sein d'un tribunal. La solution adoptée par la Cour européenne des droits de l'homme à propos de Vincent Lambert, cet handicapé dont les personnes responsables revendiquent le droit de pouvoir le tuer en est peut-être l'illustration la plus frappante - Comme cela a été exprimé dans l'opinion dissidente, « *ce qui est proposé revient ni plus ni moins à dire qu'une personne lourdement handicapée, qui est dans l'incapacité de communiquer ses souhaits quant à son état actuel, peut, sur la base de plusieurs affirmations contestables, être privée de*

92. D'Holbach, cité par Martin X. *Sur les droits de l'homme et la Vendée*, Dominique Martin Morin, 1995, p. 39.
93. Lyotard J.-F. op. préc., p. 212.

deux composants essentiels au maintien de la vie, à savoir la nourriture et l'eau, et que de plus la Convention est inopérante face à cette réalité. Nous estimons non seulement que cette conclusion est effrayante mais de plus – et nous regrettons d'avoir à le dire – qu'elle équivaut à un pas en arrière dans le degré de protection que la Convention et la Cour ont jusqu'ici offerte aux personnes vulnérables[94]». Comme disait Sade, « *tout individu qui naît sans les qualités nécessaires pour devenir un jour utile à la république n'a nul droit à conserver la vie, et ce qu'on peut faire de mieux est de la lui ôter au moment où il la reçoit*[95] ». Nous pourrions plus largement montrer que la méthode de cette juridiction fondée sur la pondération des intérêts en présence repose de façon sous-jacente sur une appréciation des atteintes à la sensibilité de l'individu. Par exemple, pour contester l'interdiction du port du voile dans les lieux publics, il a été soutenu que la loi devait être écartée car elle imposait notamment un traitement « *dégradant* » aux femmes musulmanes contraire à l'article 3 de la Convention européenne des droits de l'homme[96] - dégradant, adjectif accolé au terme cruel dans le Pacte international relatifs aux droits civils et politiques. De même, le refus d'inscrire à l'état civil des enfants nés à la suite d'une gestation pour autrui était qualifié de cruel : la mère n'obtenait pas la récompense de sa souffrance. Ou encore, la possibilité de recourir à une méthode de suicide assistée est un élément de la dignité humaine dont il serait cruel de priver l'individu qui ne trouve plus de satisfaction physique – sensible – à sa vie.

A ce stade, les mots n'ont plus aucun sens. Le philosophe Jacques Derrida fait écho à ce mouvement : il nous invite à penser « *la mutation même de la cruauté* [97]», soit peut-être une extrapolation de la sensibilité de l'homme susceptible de le confondre avec l'animal

---

94. CEDH, Aff. *Lambert et autres c/France*, Requête no 46043/14
95. Sade F. D., *Français, encore un effort si vous voulez être républicains*, disponible sur internet.
96. CEDH, gr. ch., 1er juill. 2014, n° 43835/11, S.A.S. c/ France : JurisData n° 2014-015213.

et de rendre impossible l'expression du moindre jugement de valeur afin de discréditer la capacité du sujet de droit d'être juridiquement responsable. Sa seule responsabilité, c'est sa capacité à ressentir, ce que consacre « « *le droit fondamental qu'a toute personne d'être à l'abri de la faim* » (art.11 du PIDESC.)

97. Derrida J., *États d'âme de la psychanalyse. Adresse aux États-Généraux de la psychanalyse*, Galilée, 2000.

ANNEXE 4 : Les droits de l'homme renforcent-ils les droits des salariés ?

Le contrat de travail repose sur la conciliation d'intérêts antagonistes que la jurisprudence a réalisée à travers l'obligation de respecter ce qui a été stipulé par les parties. Comme l'avait résumé un haut magistrat, « *même si ce qui a été acquis au départ n'est pas entièrement satisfaisant pour le salarié, il est important que ce minimum ne soit pas remis en cause unilatéralement* »[98]. L'accord national interprofessionnel du 11 janvier 2008 sur la modernisation du marché du travail parle à ce propos de « *lisibilité des droits contractuels* ». Dans une optique juridique, l'intérêt particulier du salarié coïncide avec le respect du contrat de travail et non, comme en matière économique avec sa capacité à calculer au mieux de ses intérêts.

A cet intérêt classique s'ajoute aujourd'hui l'existence d'un autre intérêt : celui propre à l'expression des droits fondamentaux dans l'entreprise. C'est en effet en raison de ses droits que le salarié

---

98. P. WAQUET, *Le renouveau du contrat de travail*, R.J.S., 5/99, p. 383.

dispose de la possibilité de justifier son intérêt particulier par delà les demandes que l'employeur peut formuler. La dualité d'approche de l'intérêt du salarié selon que celui-ci est fondé sur le respect du contrat ou sur celui des droits fondamentaux aboutit à ce que la maîtrise des conflits d'intérêt repose sur des techniques distinctes : l'obligation de loyauté du salarié, la généralisation du principe de proportionnalité comme mode de résolution des conflits. Dans un cas comme dans l'autre, ces deux techniques se conjuguent pour faciliter l'assouplissement de la loi contractuelle au nom de l'intérêt général immatériel, notion propre au droit public pour justifier les restrictions aux droits individuels que nous reprenons pour décrire la prégnance de l'intérêt de l'entreprise sur les intérêts individuels[99].

L'obligation de loyauté du salarié procède de l'obligation d'exécuter le contrat de travail de bonne foi qui trouve son fondement tant dans le droit commun que dans le droit spécial. C'est en effet parce que le salarié est soumis à une obligation de loyauté qu'il peut lui être reproché de privilégier son intérêt particulier au détriment de l'intérêt de l'entreprise. Cette obligation participe pleinement à la maîtrise des conflits d'intérêts classiques auquel peut être confronté le salarié.

---

99. Les syndicalistes sont tout autant concernés par les développements relatifs à l'obligation de loyauté ou au principe de proportionnalité. Cass. soc., 14 sept. 2012, n° 11-21.307, FS-P+B+R, M. N. c/ Sté Iton Seine : JurisData n° 2012-020043 : *Le salarié, titulaire d'un mandat de conseiller prud'homal, ne peut se prévaloir de cette protection que si, au plus tard lors de l'entretien préalable au licenciement, ou, s'il s'agit d'une rupture ne nécessitant pas un entretien préalable, au plus tard avant la notification de l'acte de rupture, il a informé l'employeur de l'existence de ce mandat ou s'il rapporte la preuve que l'employeur en avait alors connaissance ;* Cass. soc., 3 juill. 2012, n° 11-10.793, FS-P+B, M. S. c/ Sté groupe Scutum : JurisData n° 2012-014933 : *Sauf abus, le salarié jouit, dans l'entreprise et en dehors de celle-ci, de sa liberté d'expression, à laquelle seules des restrictions justifiées par la nature de la tâche à accomplir et proportionnées au but recherché peuvent être apportées. En l'espèce, l'affichage de ce tract syndical, qui ne contenait aucun propos injurieux, diffamatoire ou excessif, ne caractérisait pas un abus de la liberté d'expression du salarié*

La notion d'obligation de loyauté structure, à travers le prisme des conflits d'intérêt, différentes situations à l'instar de celles où le salarié en arrêt maladie exerce une autre activité. Comme l'a énoncé la Cour de cassation, pour fonder un licenciement, l'acte commis par un salarié durant la suspension de son contrat de travail doit causer un préjudice à l'employeur ou à l'entreprise[100]. Nous pouvons également nous y référer à propos des situations de pluri-activité lorsqu'une personne occupe deux emplois distincts et que ceux-ci présentent une éventuelle incompatibilité. Enfin, la jurisprudence est amenée à se prononcer sur des situations de licenciement en raison des manquements à l'obligation de loyauté du salarié envers son employeur[101]. A chaque fois, à travers l'obligation de loyauté se pose la question suivante : si le salarié est loyal, ne doit-il pas signaler les évènements ou les éléments dont il disposerait qui risquerait de le rendre moins performant pour son entreprise ?

Cette facette du conflit d'intérêt est donc intrinsèquement liée à la situation de subordination dans laquelle se trouve le salarié. Elle réactualise la problématique classique de l'objet du contrat de travail : force de travail ou personne du salarié.

Dans ce cas, pour prévenir ce type de conflits d'intérêts, comme le principe, c'est la liberté et la restriction l'exception, soit est prévue une interdiction, soit est mise à la charge de la personne une obligation d'information dont le non-respect entraîne une sanction, en l'occurrence le licenciement. L'analyse des situations sous le prisme des éventuels conflits d'intérêt pouvant résulter de la situation du salarié favorise ainsi l'émergence de la transparence comme modalité de l'obligation de loyauté.

---

100. B. Bossu, *L'exercice d'une activité au cours d'un arrêt maladie ne doit pas causer un préjudice à l'employeur*, Cass. soc., 12 oct. 2011, n° 10-16.649, FS-P+B, M. P. c/ M. X. et a., La Semaine Juridique Social n° 4, 24 Janvier 2012, 1027.
101. Cf K. Grévain-Lemercier, *Loyauté du salarié : vers une obligation d'information en cas de conflit d'intérêts ?* Cass. soc., 12 janv. 2012, n° 10-20600 (n° FD), Bulletin Joly Sociétés, 01 avril 2012 n° 4, p. 354

Vouloir imposer la transparence revient cependant à heurter les droits fondamentaux du salarié à l'instar du droit à la vie privée. C'est pourquoi l'appréhension des conflits d'intérêt dans les relations de travail ne peut se satisfaire du seul recours à l'obligation de loyauté ; elle confirme le choix effectué lors de la codification du Code du travail à droit constant d'ériger le principe de proportionnalité en principe directeur du droit du travail.

Le principe de proportionnalité est en effet expressément mentionné à l'article L 1121-1 du Code du travail en vertu duquel « *nul ne peut apporter aux droits des personnes et aux libertés individuelles et collectives de restrictions qui ne seraient pas justifiées par la nature de la tâche à accomplir ni proportionnées au but recherché* ». Conçu à l'origine comme une mesure de pondération du pouvoir de l'employeur, il est aujourd'hui l'instrument de régulation des conflits d'intérêt en droit du travail résultant de l'expression des droits fondamentaux des salariés.

En raison des droits fondamentaux, nous disposons d'un corps de règles distincts qui permet l'expression des droits des salariés et a conduit la jurisprudence à en justifier les restrictions. C'est le cas par exemple du salarié qui doit arbitrer entre le respect du contrat de travail et celui de ses convictions religieuses qu'il peut exprimer sur le fondement de l'article 9 de la Convention européenne des droits de l'homme. Si risque il y a pour l'entreprise, il peut porter sur l'image de l'entreprise ou sur l'intérêt général résultant de l'imbrication des activités économiques dans l'économie contemporaine. La confrontation-conciliation des intérêts en présence résultant de la soumission des individus à des normes de différente nature, ceux-ci pouvant se situer au sein même de la personne, passe alors par leur pondération.

Cette pondération des intérêts en présence a peu à voir avec l'inspiration originelle ayant conduit à l'introduction du principe de proportionnalité en droit du travail. Effectivement, il s'agit encore et toujours de limiter le pouvoir de l'employeur. Mais salariés comme employeur argumentent à partir de textes disposant d'une même légitimité : les droits fondamentaux. L'argumentation en termes de droits fondamentaux déplace la nature des conflits : à partir du moment où les juges se prononcent sur une question de respect des droits, ils contribuent indirectement à la construction de l'intérêt général immatériel, cette nouvelle morale commune à l'aune de laquelle sont appréciées les prétentions respectives de chacun.

L'appréciation de la validité des chartes d'entreprise dans lesquelles est signifiée au salarié l'obligation de révéler des conflits d'intérêt dans le cadre de procédure d'alerte s'inscrit dans cette perspective. Dans cette hypothèse, l'entreprise se prévaut non seulement de son intérêt mais également de ce que nous avons qualifié d'intérêt général immatériel[102]. La maîtrise des conflits d'intérêts est ici plus difficile : l'appréciation s'effectue nécessairement au cas par cas tant dans l'hypothèse d'une démarche préventive que dans celle d'une procédure de licenciement.

Dans un cas comme dans l'autre, tant à propos de l'obligation de loyauté qu'à propos du principe de proportionnalité, les tentatives de maîtrise des conflits d'intérêt placent en suspens le respect de la loi contractuelle. Il ne faut pas s'étonner que les juges comme les parties lors d'un litige mélangent allègrement les prétentions fondées sur le respect du contrat comme celles relatives au principe de proportionnalité.

C'est pourquoi, il est légitime de se demander si la multiplication des règles et des intérêts en présence ne s'inscrit pas dans un processus plus général d'assouplissement du contrat de travail.

Il s'agit ici de faire en sorte que le salarié s'estime dépositaire de l'intérêt général ou de l'intérêt de l'entreprise au point de rendre impossible l'expression de son intérêt particulier, c'est-à-dire tout

---

102. A. Lepage, *L'alerte professionnelle devant la Cour de cassation*, Communication Commerce électronique n° 5, Mai 2010, comm. 51.

simplement le respect du contrat de travail. La dynamique est double : l'intérêt du salarié se confond avec celui de l'entreprise ; l'intérêt du salarié ne doit pas contrarier l'intérêt général.

En premier lieu, de façon à limiter l'expression de l'intérêt du salarié dans l'entreprise, le législateur n'a eu de cesse de brouiller l'opposition originelle entre salariés et employeur. Pour cela, il a mis l'accent sur l'intéressement et la participation. Les différents mécanismes de rémunération résultant de la mise en place d'épargne salariale ajoutent au statut de salarié celui d'actionnaire avec un objectif affiché : faire du salarié une « partie prenante », pour utiliser une expression consacrée, au processus décisionnel pouvant affecter sa situation. Le comité d'action stratégique rattaché aux services du premier ministre préconise d'ailleurs « *l'incitation au placement des sommes issues de l'intéressement dans les plans d'épargne longue (de type PEE ou PERCO), notamment par le biais des avantages fiscaux et sociaux* »[103]. Cela n'en rend que plus difficile l'expression du salarié. Nous ne sommes plus ici dans une logique de conciliation ou d'équilibre mais de déjudiciarisation comme manifestation de la sécurité juridique.

En second lieu, de façon à empêcher l'opposition de l'intérêt du salarié à l'intérêt collectif, le législateur a estimé que les accords relatifs à la modulation du temps de travail ne constituent pas des modifications du contrat de travail. Le Conseil constitutionnel a validé au nom de l'intérêt général ce renversement complet de la hiérarchie des normes en droit du travail qui érigeait le contrat de travail en norme intangible[104]. La réforme du droit du travail

---

103. Comité Action Stratégique, rapport n° 2010, 13 janv. 2011.

104. Décision n° 2012-649 DC du 15 mars 2012, Loi relative à la simplification du droit et à l'allègement des démarches administratives : « *le législateur ne saurait porter aux contrats légalement conclus une atteinte qui ne soit justifiée par un motif d'intérêt général suffisant sans méconnaître les exigences résultant des articles 4 et 16 de la Déclaration des droits de l'homme et du citoyen de 1789 ainsi que, s'agissant de la participation des travailleurs à la détermination collective de leurs conditions de travail* » ;

intervenue en août 2016 ne fait que parachever ce renversement au bénéfice cette fois de l'accord d'entreprise. Le salarié doit donc renoncer à ce qu'il a accepté au nom de l'intérêt général.

La mise en place d'accords compétitivité-emploi consacre ainsi la généralisation de l'atteinte à la loi du contrat non seulement sans contrepartie financière mais en plus sans que soit sollicité le consentement du salarié. Le terme de compétitivité présente l'avantage d'être polysémique et de, finalement, justifier toutes les atteintes à la loi contractuelle.

Bref, la subordination tend à virer à la soumission étant entendu qu'en parallèle les salariés ne sauraient prétendre agir au nom de l'entreprise : est irrecevable la constitution de partie civile des salariés en matière d'abus de biens sociaux[105]. Tout au plus retiendra-t-on que la jurisprudence reconnaît au salarié le droit de dénoncer les faits délictueux de son employeur à condition d'être de bonne foi[106]. La procédure que doit respecter le lanceur d'alerte, notion introduite en droit positif en décembre 2016 est à l'image de cette tension :

> *Le signalement d'une alerte est porté à la connaissance du supérieur hiérarchique, direct ou indirect, de l'employeur ou d'un référent désigné par celui-ci. En l'absence de diligences de la personne destinataire de l'alerte mentionnée au premier alinéa du présent I à vérifier, dans un délai raisonnable, la recevabilité du signalement, celui-ci est adressé à l'autorité judiciaire, à l'autorité administrative ou aux ordres professionnels. En dernier ressort, à défaut de traitement par l'un des organismes mentionnés au deuxième alinéa du présent I dans un délai de trois mois, le signalement peut être rendu public. II. – En cas de danger grave et imminent ou en présence d'un risque de dommages irréversibles, le signalement peut être*

105. Pour une illustration, Cass. Crim, 23 décembre 2005, 04-83768.
106. Cass. soc., 7 févr. 2012, n° 10-18.035, FS-P+B+R, Mme B. c/ SAS Hermès Sellier

porté directement à la connaissance des organismes mentionnés au deuxième alinéa du I. Il peut être rendu public.

La personne qui s'estimerait en droit de lancer une alerte pourrait voir sa responsabilité pénale engagée si elle ne suit pas scrupuleusement la procédure. Force est de constater que les poursuites pénales sont une riposte systématique des employeurs favorablement accueillies par la jurisprudence.

La formulation contemporaine de l'intérêt général par les juges aboutit ainsi à délégitimer les intérêts particuliers des salariés :

- soit ces intérêts sont atténués – le salarié dispose de droits fondamentaux au même titre que l'employeur, ce qui change la nature des solutions rendues, tout conflit étant finalement transformé en question de société sur la place desdits droits dans l'entreprise ;

- soit ces intérêts sont absorbés par l'intérêt supérieur de l'entreprise dont la logique contemporaine consiste à l'identifier à l'intérêt général ;

- soit enfin lorsque l'intérêt particulier est supposé se confondre avec l'intérêt général et que le salarié devient lanceur d'alerte, il se heurte à l'autonomie du droit pénal et peut difficilement éluder sa responsabilité pénale. Nouveau paradoxe de l'effectivité des droits de l'homme : la Chambre sociale protège la liberté d'expression du lanceur d'alerte au nom des droits de l'homme[107] ; le droit pénal favorise la répression d'un tel comportement au nom des droits de

107. Cass. Soc., 30 juin 2016, 15-10.557, *Vu l'article 10 § 1 de la de la Convention de sauvegarde des droits de l'homme et des libertés fondamentales ; Attendu qu'en raison de l'atteinte qu'il porte à la liberté d'expression, en particulier au droit pour les salariés de signaler les conduites ou actes illicites constatés par eux sur leur lieu de travail, le licenciement d'un salarié prononcé pour avoir relaté ou témoigné, de bonne foi, de faits dont il a eu connaissance dans l'exercice de ses fonctions et qui, s'ils étaient établis, seraient de nature à caractériser des infractions pénales, est frappé de nullité.*

l'homme, phénomène que l'on trouve dans toutes les démocraties occidentales[108].

Certes, la logique de proportionnalité peut jouer dans un sens, celui du salarié, comme dans l'autre, celui de l'employeur. Mais, progressivement, aux conflits pouvant résulter de l'expression d'intérêts contradictoires, se substitue l'idée que l'entreprise doit prendre en considération les intérêts des « *parties prenantes* ». Toute personne en relation directe, voire indirecte, est partie prenante à l'activité de l'entreprise : l'entreprise doit donc intégrer cette diversité d'intérêts pour mener à bien son activité[109]. Il n'y a plus un gagnant et un perdant, une personne qui arbitre entre deux intérêts pour privilégier ce qui lui rapporte le plus au détriment d'autrui mais un nouvel équilibre à base de processus de normalisation. Pour reprendre le langage du philosophe M. Foucault, la normalisation revient à discipliner l'expression des conflits d'intérêts de façon à exclure l'intervention du juge.

La dynamique d'ensemble propre à la Responsabilité sociale des entreprises (cf infra), dessine un intérêt général immatériel qui cherche à transformer les intérêts particuliers en mode d'expression de l'intérêt général de façon à réduire les hypothèses contentieuses. Paradoxe suprême révélateur de l'ambivalence tant de la notion que des situations qu'elle tend à démasquer : cette dynamique se déploie dans un contexte juridique fortement marqué par les droits de l'homme. Les syndicats, écartés à l'origine de l'opposition entre intérêt général et intérêts particuliers, perdent dans un tel cadre une quelconque utilité et se voient préférer avec les critiques précédemment énoncées une validation des accords par voie de

---

108. https://francais.rt.com/international/26434-edward-snowden-lanceur-d-alerte-ou-criminel

109. Pour une synthèse sur cette notion, F. Verdun, *Les risques juridiques liés à la démarche éthique de l'entreprise,* Cahiers de droit de l'entreprise n° 5, Septembre 2011, dossier 31

référendum. Il n'y a plus d'intérêt collectif : l'expression de l'intérêt du salarié sous pression de celui de l'employeur devient un intérêt général qui a vocation à échapper à toute critique. Bref, encore et toujours, une coïncidence troublante entre une société au sein de laquelle les droits de l'homme deviennent une arme contentieuse et l'extension de procédures de déjudiciarisation.

ANNEXE 5 : Vers la négociabilité des droits des salariés ? Ou la confrontation entre normes comptables et droits de l'homme

« *L'opération de la normalisation disciplinaire consiste à essayer de rendre les gens, les gestes, les actes conformes à ce modèle, le normal étant précisément ce qui est capable de se conformer à cette norme et l'anormal, ce qui n'est pas capable* » [110]. Le terme matrice est utilisé par M. Foucault pour décrire les processus de normalisation par delà la dimension apparemment exclusivement technique d'une règle. Parler de nouvelle matrice comptable vise à rendre compte du fait que l'identité des formes comptables, en l'occurrence la partie double, ne signifie plus l'identité avec le modèle patrimonial. Cette évolution est d'ailleurs déjà présente dans le développement des matrices de comptabilité sociale utilisé en matière de comptes nationaux afin d'alimenter des modèles d'équilibre général

110. M. Foucault, *Sécurité, Territoire, Population*, Gallimard/Seuil (Collection « Hautes Études »), 2004, p. 65.

calculable, pendant de l'équilibre optimum propre à une entité économique. Cette normalisation a pour origine la définition de standards internationaux en comptabilité – les normes IFRS. Le processus d'harmonisation comptable ne concerne plus uniquement les groupes multinationaux mais également les petites et moyennes entreprises. Il vise à faciliter les comparaisons entre entités économiques du monde entier. Comme l'explique un auteur, « *disposer d'un même référentiel au niveau européen pour les comptes sociaux devrait améliorer la comparabilité des informations financières et faciliter la comparaison des taux d'imposition des sociétés des différents États membres avec une assiette définie de manière homogène et ainsi entraîner à terme une harmonisation de la fiscalité* » [111]. Il est ici singulièrement fait abstraction des différences existant entre les réglementations sociales et par là-même des nuances existant quant au respect des droits de l'homme par les différents pays. Or, le raisonnement tenu à propos de la fiscalité vaut à l'identique également en ce domaine d'autant plus que la réglementation comptable émergente se veut universelle. Les normes IFRS justifient ainsi la mise sur le même plan des droits du salarié européen avec ceux du salarié chinois. La dynamique comptable a donc vocation à influer sur la prise en compte des droits du salarié et par extension des droits de l'homme par les entreprises. Preuve s'il en fallait, que la dynamique IFRS, loin d'être le reflet autonome techniciste de l'activité économique réductible à la sphère comptable et financière, s'inscrit dans un mouvement plus global dans laquelle existe une homologie nouvelle entre la traduction des opérations économiques et les valeurs qu'une société décide de défendre[112]. La négociabilité des droits du salarié, au titre desquels il y a les droits de l'homme découle ainsi des

---

111. Gaëlle Lenormand et al., *Les IAS/IFRS, bilan et perspectives*, Revue française de gestion 3/2012 (N° 222), p. 55-66.

112. Cf A. Ogien, *L'esprit gestionnaire, Une analyse de l'air du temps*, EHESS, 1996, livre dans lequel l'auteur dénonce dès l'époque, l'infiltration du langage gestionnaire et comptable dans la sphère publique.

finalités mêmes que les normes IFRS assignent à présent à la comptabilité ou de la manière dont elles envisagent le traitement comptable du travail réalisé dans l'entreprise.

Au titre des finalités propres aux normes IFRS, il y a essentiellement les investisseurs financiers. Est ici privilégié l'arbitrage financier entre l'investissement au sein d'une entité économique et le taux d'intérêt du marché. L'investisseur doit être à même de calculer le coût d'opportunité que représente l'acquisition de titres comparée à un placement à moindre risque sur des produits à taux fixes. La logique comptable favorise non pas la comparaison entre plusieurs exercices à l'instar du standard de l'image fidèle[113] mais la fluctuation permanente en fonction des variations du taux d'intérêt. Le salarié n'y trouve qu'une place réduite sauf à ce que lui-même se transforme en valeur liquide.

Cette transformation peut d'une part intervenir par la fluctuation de la rémunération salariale en fonction de sa participation dans le capital de la société. Le salarié se transforme en somme en « partie prenante » à l'entreprise, pour reprendre la terminologie relative au discours en matière de Responsabilité sociale de l'entreprise (cf infra). Il devient alors destinataire de l'information comptable au même titre que les personnes susceptibles d'investir dans l'entité alors même que sa situation sociale ne peut en aucune manière être mise sur le même plan. L'égalité apparente obtenue est en ce point semblable à l'égalité formelle résultant de la logique propriétariste en vertu de laquelle l'individu en tant que disposant d'un droit de propriété sur sa personne est seul à même de décider ce qui est bon pour lui : la liberté de consentir est valorisée abstraction faite de ses conditions sociales d'exercice. La rémunération du salarié ne relève plus uniquement de la catégorie des charges dans les comptes de l'entreprise ; elle dépend de la distribution des dividendes dont l'ajustement s'effectue chaque année sur décision d'assemblée

113. Cf F. Pasqualini, *Le principe de l'image fidèle en droit comptable*, préf. E. du Pontavice, Litec, 1992

générale ordinaire de la société. Bref, par le rééquilibrage des composantes de la rémunération, le salarié peut devenir un élément d'ajustement de la politique financière de l'entreprise et éviter que les bilans ne présentent chaque année une masse incompressible[114]. Ce mouvement de rééquilibrage s'accomplit progressivement à travers la suppression des primes d'ancienneté dans les accords collectifs[115]. Il est à l'origine de la promulgation de la norme IFRS 2 qui a pour objet de « *spécifier l'information financière à présenter par une entité qui entreprend une transaction dont le paiement est fondé sur des actions* » alors que ces éléments étaient auparavant pris en compte par la norme IAS 19 relatif aux avantages accordés au personnel. Par ce biais, les normes IFRS valident la substitution progressive d'un financement des retraites fondé sur le régime légal ou complémentaire par une généralisation de plans d'actions pour les salariés.

Plus profondément, le principe d'un ajustement de la masse salariale constitue le fondement même des accords compétitivité-emploi dont la loi du 13 juin 2013 a défini les conditions de possibilité et que la réforme du Code du travail d'août 2016 a quasiment érigé en principe. Ainsi, conformément à l'article L. 5125-

---

114. Plus radical, J.-M. Harribey, *La financiarisation du capitalisme et la captation de valeur,* in Delaunay J.C. (sous la dir. de), *Le capitalisme contemporain, Questions de fond,* L'Harmattan, 2001, p. 67-111, spec. p. 81, « *l'actionnariat salarié se généralise dans les pays développés et alors le salarié-actionnaire se schizophrénise puisqu'il devra constamment arbitrer entre son salaire et son emploi d'un côté et le rendement de son capital de l'autre, sauf si son entreprise, dont il détient des actions, a investi dans des lieux du monde au sein desquels les salariés n'ont pas accès à la propriété financière, ou bien, s'il est déjà à la retraite, il devra arbitrer entre son rendement et l'emploi de ceux qui, par leur activité, le nourrissent* ».

115. Rapport annuel ASF, 2010, p. 91 : « *Plusieurs raisons plaident en faveur d'un aménagement de la prime d'ancienneté, et notamment le fait qu'historiquement, celle-ci avait vocation à fidéliser les salariés dans un contexte conjoncturel qui s'est profondément modifié, puisqu'aujourd'hui, il s'agit plus de rémunérer les compétences que l'ancienneté* ».

1 du Code du travail, « *en cas de graves difficultés économiques conjoncturelles dans l'entreprise dont le diagnostic est analysé avec les organisations syndicales de salariés représentatives, un accord d'entreprise peut, en contrepartie de l'engagement de la part de l'employeur de maintenir les emplois pendant la durée de validité de l'accord, aménager, pour les salariés occupant ces emplois, la durée du travail, ses modalités d'organisation et de répartition ainsi que la rémunération au sens de l'article L. 3221-3, dans le respect du premier alinéa de l'article L. 2253-3 et des articles L. 3121-16 à L. 3121-39, L. 3122-6, L. 3122-7, L. 3122-17, L. 3122-18 et L. 3122-24, L. 3131-1 à L. 3132-2, L. 3133-4, L. 3141-1 à L. 3141-3 et L. 3231-2.*

Un expert-comptable peut être mandaté par le comité d'entreprise pour accompagner les organisations syndicales dans l'analyse du diagnostic et dans la négociation, dans les conditions prévues à l'article L. 2325-35.

II. - L'application des stipulations de l'accord ne peut avoir pour effet ni de diminuer la rémunération, horaire ou mensuelle, des salariés lorsque le taux horaire de celle-ci, à la date de conclusion de cet accord, est égal ou inférieur au taux horaire du salaire minimum interprofessionnel de croissance majoré de 20 %, ni de ramener la rémunération des autres salariés en dessous de ce seuil. ». Autrement dit, en parallèle à une comptabilité dont le mode d'analyse dépend à présent d'un paramètre externe, le taux d'intérêt, se développe une flexibilité du contrat de travail qui permet d'en extraire la valeur économique. La nouvelle matrice comptable donne ainsi corps à l'affaissement de l'ordre public au bénéfice de la gestion de l'entité économique et se justifie par l'invocation du consentement donné par les parties en présence.

Les règles issues de domaines différents évoluent de façon apparemment autonome pour coïncider dans une contractualisation des droits de l'homme[116]. Les normes IFRS peuvent ici être lues à l'aune des « *Principes directeurs relatifs aux entreprises et aux droits de l'homme*[117] » édictés par les Nations Unies qui présentent une même particularité : une portée universelle (cf infra). A présent, l'action des entreprises constitue un pilier en matière de protection des droits de l'homme au même titre que l'État. C'est pourquoi les principes recommandent que les préventions en matière d'atteintes des droits de l'homme s'effectuent « *dès le stade de l'élaboration des contrats ou d'autres accords, et peuvent être transmis par des fusions ou des acquisitions*[118] ». Par exemple, une entreprise comme Mac Donald's stipule dans les contrats qui la lient avec ses sous-traitants une clause en vertu de laquelle ceux-ci s'engagent à respecter les droits de l'homme. Si le sous-traitant est pris en défaut en la matière, Mac Donald's se prévaudra du contrat passé pour s'exonérer de toute responsabilité. Sans rentrer dans le débat concernant la validité d'une telle clause, nous retiendrons que la valorisation du contrat dépend du bénéfice escompté par l'entreprise résultant de l'engagement de ses sous-traitants. Au minimum se pose la question de la comptabilisation des frais résultant d'un tel engagement ; au maximum, cela introduit un paramètre supplémentaire dans les dépenses à intégrer pour calculer le goodwill, c'est-à-dire la partie du prix qui tient compte des éléments immatériels comme la force de travail des salariés, en cas de cession de l'entreprise[119]. Là encore, l'information financière à destination des investisseurs peut se parer des atours du respect des droits de l'homme ; cela n'influe en rien sur le processus de négociabilité de

---

116. Cette problématique est abordée sous un angle différent par L. Hennebel, G. Lewkowicz, "*La contractualisation des droits de l'homme : de la pratique à la théorie du pluralisme juridique et politique*" in, *Repenser le contrat*, Paris Dalloz, 2009, p.221-246.
117. Conseil des droits de l'homme, 21 mars 2011, A/HRC/17/31.
118. Point 17 c des Principes directeurs.

ceux-ci soit entre l'entreprise et ses salariés, soit dans le cadre de relations inter-entreprises.

Cette négociabilité des droits de l'homme est le corollaire tout à la fois de la finalité des normes IFRS que d'une évolution plus profonde du droit positif autour des valeurs de flexibilité et de contractualisation. Preuve en est, l'émergence du goodwill comme concept clé de l'analyse financière présuppose que chaque année, le chef d'entreprise va apprécier l'opportunité de céder ses titres en fonction de leur valorisation effectuée sur la base d'éléments incorporels. Où l'on constate qu'en ayant laissé la définition de la réglementation comptable à un organisme privé dépourvu de toute légitimité politique[120], les pouvoirs publics se sont également dépossédés de leur faculté de maintenir un ordre public cohérent fondé sur le respect de la personne et non sur l'illusion du consentement de celle-ci.

Les règles relatives au traitement comptable du travail fourni confirment pleinement cette dynamique.

Les normes IFRS doivent concilier deux paramètres contradictoires : favoriser l'émergence d'une information visant à permettre aux investisseurs de renouveler chaque année leur adhésion au choix de l'entreprise en fonction de sa rentabilité ; rendre compte d'éléments ayant vocation à être présent dans l'entreprise sur plusieurs exercices afin d'en assurer la pérennité. Le principe de négociabilité des droits s'impose tant sur le plan

---

119. Cf le basculement que valide l'autorité des normes comptables dans un avis en date du 28 février 2013 intitulé Traitement comptable en règles françaises du Crédit Impôt Compétitivité Emploi : « *Le Collège de l'ANC considère que, en raison de l'objectif poursuivi par le législateur de permettre la diminution des charges de personnel par le CICE, sa comptabilisation, dans les comptes individuels, au crédit d'un sous-compte dédié du compte 64 « Charges de personnel », est justifiée* ».

120. La consécration du rôle des syndicats en droit du travail procède d'un mouvement similaire et aboutit à des résultats identiques.

individuel que sur le plan collectif. Sur le plan individuel, La norme IAS 19 précisément consacrée aux «*avantages du personnel*» permet et justifie que soit mis en œuvre le processus de contractualisation précédemment décrit. Pour apporter une meilleure information financière, ce texte privilégie une comptabilisation des sommes dues aux salariés lorsqu'il est en droit d'en demander le paiement et non à la date effective de celui-ci. Pour cela, la norme distingue quatre sortes d'avantage :

- les avantages à court terme (salaires, cotisations de sécurité sociale, congés payés, primes payables dans les 12 mois suivant la fin de l'exercice, ...),
- les avantages postérieurs à l'emploi (retraite, frais de santé et prévoyance pour les retraités, ...),
- les avantages à long terme (invalidité de longue durée, médailles du travail, congés sabbatiques, primes payables 12 mois ou plus après la fin de l'exercice, l'intéressement, ...),
- les indemnités de fin de contrat de travail.

La généralité des termes employés permet d'y inclure tous les avantages pouvant résulter d'une négociation par l'employeur des droits de l'homme du salarié. D'ailleurs, à partir du moment où l'entité économique est soumise à une appréciation annuelle de sa politique financière, elle a tout intérêt à multiplier les avantages à court terme afin d'accroître sa productivité en période de forte commande. Paradoxalement, si les sommes d'argent dues peuvent faire l'objet d'une actualisation afin de correspondre aux fluctuations économiques de l'activité par rapport à celles du taux d'intérêt, il n'est pas fait mention d'une possible actualisation de ce que peut rapporter la force de travail engagée en contrat à durée indéterminée. On comprend mieux alors le fait que le salarié ne tire que des avantages qui pour l'entreprise sont des charges qu'elle doit ajuster.

Sur le plan collectif, le rendez-vous annuel de confrontation avec le taux d'intérêt que constitue la présentation des comptes oblige l'entité économique à apurer les comptes des sommes qui, d'une manière ou d'une autre, étaient auparavant constitutives de provisions ou faisaient l'objet d'engagement hors bilan dans le modèle patrimonial. On a pu ainsi constater au titre des effets indirects produits par l'introduction de la norme IAS 19 une renégociation des avantages collectifs et surtout une remise en cause des régimes à prestations définis qui avaient pu être instaurés sous prétexte tout simplement que ce mode de rémunération n'est pas envisagé par ladite norme.

La comparaison entre les finalités du compte de résultat dans le modèle français et celles propres à la réglementation IFRS permet d'illustrer cette contradiction. Dans le modèle français, le compte de résultat sert à déterminer l'excédent brut d'exploitation, soit la rentabilité de l'activité indépendante des politiques fiscales et financières choisies par le chef d'entreprise ; dans le modèle IFRS, il se rapproche davantage d'un tableau de financement fondé sur la distinction entre le résultat des activités poursuivies du résultat des activités terminées. Cette distinction tend à favoriser la flexibilité des contrats de travail en fonction des contrats de l'entreprise, ce qui correspond en tous points au contrat de projet introduit en droit positif en 2008[121], à l'extension du champ d'application du contrat de chantier et au principe sus-rappelé des accords compétitivité-emploi.

Il est d'ailleurs symptomatique que la nouvelle définition du licenciement pour motif économique introduite en août 2016

---

121. Cf article 1221-2 du Code du travail : « *Le contrat de travail à durée indéterminée est la forme normale et générale de la relation de travail. Toutefois, le contrat de travail peut comporter un terme fixé avec précision dès sa conclusion ou résultant de la réalisation de l'objet pour lequel il est conclu dans les cas et dans les conditions mentionnées au titre IV relatif au contrat de travail à durée déterminée* ».

mentionne comme critères d'appréciation de la cause économique l'excédent brut d'exploitation et les variations de la trésorerie - *Constitue un licenciement pour motif économique le licenciement effectué par un employeur pour un ou plusieurs motifs non inhérents à la personne du salarié résultant d'une suppression ou transformation d'emploi ou d'une modification, refusée par le salarié, d'un élément essentiel du contrat de travail, consécutives notamment :*

1° A des difficultés économiques caractérisées soit par l'évolution significative d'au moins un indicateur économique tel qu'une baisse des commandes ou du chiffre d'affaires, des pertes d'exploitation ou une dégradation de la trésorerie ou de l'excédent brut d'exploitation, soit par tout autre élément de nature à justifier de ces difficultés (art. 1233-3 du Code du travail).

L'objectif est à terme de fournir un état de performance dont le corollaire managérial est une standardisation toujours plus grande des tâches en matière salariale afin de mettre à jour les coûts cachés et les surtemps dans les processus de production, soit la gestion des temps de repos au détriment du respect du droit à la vie privée.

La nouvelle matrice comptable impose donc une normalisation des comportements des acteurs concernés. Les droits des salariés évoluent en fonction des objectifs financiers que l'entité économique est tenue d'afficher si elle veut séduire les investisseurs. Les normes comptables érigent de cette manière le salarié en individu susceptible de négocier sa force de travail ainsi que l'ensemble des droits dont il dispose sur la base d'un horizon temporel réduit à l'aune duquel ses avantages contredisent la logique financière de l'entreprise tandis que sa rémunération a vocation à dépendre toujours davantage de la rentabilité de l'activité. L'opposition entre logique juridique et logique économique aboutit à une atténuation de l'ordre public résultant d'une extension du domaine contractuel. Les normes IFRS sont la réponse cynique, unique et standardisée à la question teintée d'humanisme que posait le doyen Savatier lorsqu'il soulignait que l'inscription de la valeur comptable pouvait se comprendre « *de plusieurs manières*[122] ».

Cette unification oblige à s'interroger sur le traitement comptable des atteintes aux droits des salariés.

En l'état du droit positif, la comptabilisation des sommes versées aux salariés oscille entre charges et provisions. Le paiement du salaire se définit comme une diminution de l'actif ayant un impact direct sur la trésorerie de l'entité économique. Seul est pris en compte cet impact qui peut uniquement être atténué par la passation d'une provision. La distinction est importante du point de vue de l'analyse financière : en tant que somme d'argent non-décaissée, la provision en fonction de son objet peut soit se retrouver au niveau de l'actif, soit au niveau du passif du bilan de l'entité économique. C'est cette dualité que la norme IAS 37 intitulée à cet effet « *Provisions, passifs éventuels et actifs éventuels* » cherche à saisir en obligeant finalement à rédiger le bilan en fonction des termes du calcul de l'analyste. Dans ce cadre, la comptabilisation des atteintes aux droits des salariés bénéficie pleinement de la bienveillance fiscale en matière de charges et coïncide avec les conditions de passation des provisions posées par la norme IAS 37.

Une charge représente « *une perte de valeur à conséquence financière*[123] » en dépit, pour le salariat, de son rôle déterminant dans la création de richesse de l'entreprise. Il n'y a ici pas de différence entre les sommes versées à un salarié et celles payées en raison de la fourniture d'un service par un indépendant. La nuance d'écriture repose sur une distinction au niveau des comptes relevant de la classe 6 du compte de résultat. La comptabilité favorise ici clairement le principe « *substance over form* », le coût économique du contrat prévalant sur sa nature juridique.

---

122. R. Savatier, op. cit. n°213.
123. J.-L. Navarro, C. de Lauzainghein, D. Néchelis, *Droit comptable*, Dalloz, 3ème éd., 2004, n°286.

Partant du principe que les charges salariales, par opposition aux dépenses externalisées, constituent un coût supposé faire l'objet d'une augmentation tendancielle chaque année en raison de l'ancienneté et du paiement des charges sociales, il est dans l'intérêt de l'entité économique de desserrer le nœud contractuel qui la constitue de ses salariés pour favoriser le recours à des indépendants. L'application des normes IFRS a ainsi pour corollaire une augmentation des situations d'hypothèses de travail dissimulé. Les débats sur la dépénalisation[124] en la matière ou, plus largement sur le remplacement des sanctions pénales par des sanctions administratives en droit du travail s'insèrent dans une conception renouvelée de l'entreprise dans laquelle le salariat devient une masse d'ajustement.

La nouvelle logique comptable coïncide ici parfaitement avec la logique fiscale. En la matière, le caractère déductible ou non d'une dépense engagée dépend de sa conformité avec l'intérêt de l'entreprise – ce que la jurisprudence examine à partir du standard de l'acte anormal de gestion. Ce critère procède d'une logique utilitariste extrêmement critiquable : tout dépend des conséquences anticipées de l'acte à partir du moment où celui-ci s'inscrit dans une gestion visant à améliorer la rentabilité de l'entité économique. La doctrine fiscale vante ici l'amoralisme du droit fiscal de façon à limiter les immixtions dans les choix effectués par le chef d'entreprise. Dès lors, si le chef d'entreprise veut négocier des restrictions de droits des salariés sous prétexte que celles-ci seraient conformes à l'intérêt de l'entreprise, les sommes engagées seront fiscalement déductibles. C'est qui plus est conforme à la présentation propre au discours sur la responsabilité sociale de l'entreprise : il est dans l'intérêt de l'administration fiscale, afin de

---

124. Cf en dernier lieu, E. Fortis, M. Segonds, *La dépénalisation du droit du travail : un objectif caduc ?*, Revue du Droit du travail, 2012, p. 402. Nous relèverons là encore l'homologie entre une argumentation fondée sur l'accessibilité de la norme, soit ses destinataires et une information comptable qui a pour finalité comme destinataires les investisseurs financiers.

collecter davantage d'impôts de ne pas introduire dans son mode d'appréciation des valeurs individualistes susceptible d'étendre le contrôle des causes à l'origine des charges comptabilisées. Pour le dire autrement, la logique patrimoniale implique une morale déontologique fondée sur des principes ; la logique qui lui est substituée repose sur une morale utilitariste déterminée en fonction des conséquences escomptées du comportement.

En matière de provisions, la dualité d'objet de celles-ci tend à provoquer les conséquences suivantes. Très tôt, le Conseil national de la comptabilité avait souligné les risques d'incompatibilité entre l'article L. 123-13-3 du Code de commerce relatif aux provisions en matière « *d'engagements de l'entreprise en matière de pension, de complément de retraite, d'indemnités et d'allocations en raison du départ à la retraite ou avantages similaires des membres ou associés de son personnel et de ses mandataires sociaux* » en raison de leur impact sur l'analyse financière de l'entreprise. Il avait conclu que le changement de méthode fondé sur la finalité de la somme aboutirait mécaniquement à réduire la participation des salariés et devraient justifier une réécriture des accords collectifs en ce domaine[125]. Nous avons déjà souligné que ces sommes qui ne prennent sens que dans une perspective pluri-annuelle contredisent la réévaluation permanente, voire annuelle, à laquelle aboutit la soumission aux normes IFRS.

S'agissant en revanche des conditions de passation des provisions, elles s'inscrivent pleinement dans le processus de contractualisation contemporain. La provision passée présuppose une obligation juridique, la prise en compte de la contrepartie attendue et une évaluation fiable. En cela, si un salarié renonce à un droit pour une période déterminée en contrepartie d'une somme d'argent qui sera versée une fois la période achevée, la norme IFRS facilite la passation d'une provision de ladite somme. L'entité économique peut donc ajuster sa masse salariale en négociant des suspensions

125. Conseil national de la comptabilité, op. préc. p. 14.

de paiement du salaire ou, plus simplement, des compléments de salaires dont elle s'acquitterait quelles années plus tard. Il en va de même du principe longuement discuté du plafonnement des indemnités de licenciement : juridiquement, cela revient à donner un prix à un comportement fautif ; comptablement, l'employeur est en droit de passer une provision et d'anticiper les conséquences financières de la rupture d'un contrat de travail. Peut-être que le compte épargne-temps peut être interprété rétrospectivement comme le vecteur d'une monétisation de principe de l'intégralité des droits des salariés et non plus uniquement des congés auxquels il a droit. Il y aurait ainsi dissociation entre les sommes provisionnées constitutives d'une future dépense et celles ayant pour objet une contrepartie négociée avec le salarié. Nous mesurons ainsi une nouvelle fois que le droit positif coïncide plus que d'apparence avec la nouvelle logique comptable. Les droits des salariés dépendent finalement de leur consentement.

Pour autant, avec un brin de cynisme, la logique du consentement qui structure l'interprétation propriétariste des droits de l'homme fait aujourd'hui l'objet d'une conception radicale à travers les économistes relevant du courant libertarien. Ces auteurs n'excluent pas qu'un individu puisse aujourd'hui consentir à devenir l'esclave d'un autre. Voici l'exemple que donne l'économiste W. Block dont l'ouvrage principal a été préfacé par le prix Nobel d'économie F. von Hayek[126] : une personne dont l'enfant serait atteint d'une maladie

126. W. Block, *Défendre les indéfendables*, Les Belles Lettres, 1992, préf. F. Von. Hayek dans laquelle il valide les thèses défendues par l'auteur. Compte tenu de l'influence qu'a exercé la pensée de Hayek sur les économistes à l'origine de la théorie de l'agence, fondement théorique des normes IFRS, cette approbation mérite d'être prise au sérieux. Nous rappellerons à cet effet que le prix Nobel d'économie en 1993, R. Vogel a notamment été récompensé pour son travail en histoire économique dans lequel il a démontré que les esclaves ont été, dans l'histoire, bien traités et bien nourris. Traduction moderne : l'employeur a tout intérêt à respecter l'obligation de sécurité résultat qui pèse sur lui à partir du moment où il est propriétaire des personnes qu'il fait travailler.

rare pourrait préférer se vendre pour payer le traitement nécessaire plutôt que de voir son fils mourir. L'auteur de poursuivre, « *le contrat d'esclavage volontaire a seulement à voir avec le droit de propriété sur l'homme, non avec des questions métaphysiques*[127]». L'abolition de l'esclavage, phénomène collectif permettrait finalement l'avènement de l'esclavage consenti, ce qui n'est pas forcément en contradiction avec la rédaction de l'article 4-1 de la Convention européenne des droits de l'homme[128]. Il suffirait alors de déterminer une durée de vie d'amortissement.

L'avis du Conseil national « *s'inspire des normes de l'IASB* » et plus précisément de la norme IAS 38 relative aux immobilisations incorporelles. Il établit le lien entre droit contractuel et immobilisation. Ainsi « *une immobilisation incorporelle est identifiable si elle est séparable des activités de l'entité, c'est-à-dire susceptible d'être vendue, transférée, louée ou échangée de manière isolée ou avec un contrat, un autre actif ou passif (…) Il apparaît que l'indemnité versée par la société en cas de mutation correspond à l'acquisition d'un droit contractuel : qu'elle contrôle du fait d'événements passés ; dont elle sera la seule à attendre des avantages économiques futurs liés à la présence du joueur dans son équipe* ». Une autre condition doit néanmoins être respectée : « *cette immobilisation est amortissable, car son utilisation, limitée par la durée du contrat, est déterminable*[129] ». Autrement dit, c'est parce que les droits sont négociables qu'ils peuvent faire l'objet d'un amortissement. Pendant près de 20 ans au regard de la date de

---

127. W. Block, *Towards a Libertarian Theory of Inalienability: A Critique of Rothbard, Barnett, Smith, Kinsella, Gordon, and Epstein*, Journal of Libertarian Studies, vol. 17, , no. 2 (Spring 2003), pp. 39–85, spec. 43.
128. Articles 4.1 et 4.2 de la Convention européenne de sauvegarde des droits de l'homme : *Nul ne peut être tenu en esclavage ni en servitude. Nul ne peut être astreint à accomplir un travail forcé ou obligatoire.*
129. Conseil national de la Comptabilité, Avis n°2004-12 du 23 juin 2004 Relatif au traitement comptable des indemnités de mutation versées par les sociétés " à vocation sportive " visées à l'article 11 de la loi n° 84-610 du 16 juillet 1984.

promulgation de la loi, ces sommes étaient considérées comme ayant pour objet une valeur extra-patrimoniale et étaient passées en charge. Conséquence de l'introduction progressive des normes IFRS dans le droit positif : l'atténuation de l'ordre public et la possibilité de considérer à présent que le salarié contribue à l'augmentation de l'actif net.

Certes, dans ce cas, nous sommes en présence d'une somme d'argent expressément visées par un texte législatif. Le raisonnement, parce qu'il repose sur la logique des normes IFRS peut néanmoins être étendu à d'autres situations. Cela pourrait être le cas de la somme d'argent qu'une entreprise devrait payer à un concurrent à la suite du débauchage d'un salarié. Le débauchage a précisément pour objet d'accroître la rentabilité future ; la somme versée intègre donc les éléments relevant de l'actif net. De même, pour la somme qui compenserait la renonciation du salarié à se prévaloir de ses droits dans l'entreprise. Tout au plus, faudra-t-il prévoir un contrat à durée déterminée, ce qui renvoie au principe selon lequel une telle renonciation ne peut être que temporaire[130].

Cyniquement, nous pourrions dire, à l'aune de la jurisprudence, que le salarié n'aurait pas forcément à y perdre : la clause d'exclusivité qui peut être stipulée dans un contrat de travail à temps partiel est valide indépendamment de toute contrepartie financière alors même qu'elle restreint la liberté de travailler[131]. Or, cette clause, à la différence de la clause de non-concurrence qui

---

130. Cf article 1121-1 du Code du travail : « *Nul ne peut apporter aux droits des personnes et aux libertés individuelles et collectives de restrictions qui ne seraient pas justifiées par la nature de la tâche à accomplir ni proportionnées au but recherché* ». C'est d'ailleurs précisément sur ce fondement que la jurisprudence a validé les clauses de non-concurrence dans le contrat de travail. Dans le même sens, en droit commun à propos des clauses d'inaliénabilité, Cass. Civ, 1ère, 31 octobre 2007, 05-14238 qui valide les clauses d'inaliénabilité à condition qu'elles soient limitées dans le temps et justifiées par un intérêt légitime et sérieux.

évite à l'entreprise de perdre de l'argent[132], a pour finalité un meilleur investissement du salarié dans les tâches qui lui sont confiées. Elle remplit en outre la condition de cessibilité compte tenu de la réglementation en matière de transfert d'entreprise. Elle peut, à ce titre, faire l'objet d'une évaluation susceptible d'être intégrée dans l'actif de l'entreprise. L'ordre public se dissout dans la référence exclusive au consentement comme condition essentielle et unique de respect des réglementations.

De façon plus générale, pour tout contrat à durée déterminée, la loi prévoit le versement d'une indemnité de fin de contrat. En l'état du droit positif, si le recours au contrat à durée déterminée a pour cause une augmentation temporaire de l'activité de l'entreprise, cette indemnité pourrait, dans le droit fil de l'avis du conseil national de la comptabilité faire l'objet d'un amortissement. Bref, les sommes engagées pour le paiement d'un salarié ne peuvent pas être amorties car il dispose d'un contrat à durée indéterminée indifférent aux fluctuations de l'activité de l'entité économique. Il existe donc bien une possibilité de changer les salaires de postes comptables : mettre fin au principe du contrat à durée indéterminée, ce que facilite par exemple la généralisation du champ d'application du contrat de chantier. Au passage, le projet apparent de supprimer les contrats à durée déterminée n'est rien d'autre qu'une tentative de mettre fin de facto à l'existence du contrat à durée indéterminée en

---

131. Cass. Soc., 16 sept. 2009, n° 07-45.346, F-P+B, SA Ame'ric c/ Lavergne, « *la clause par laquelle l'employeur soumet l'exercice, par le salarié engagé à temps partiel, d'une autre activité professionnelle, à une autorisation préalable porte atteinte au principe fondamental du libre exercice d'une activité professionnelle et n'est valable que si elle est indispensable à la protection des intérêts légitimes de l'entreprise et si elle est justifiée par la nature de la tâche à accomplir et proportionnée au but recherché* ».

132. Cf sur l'analyse de la clause de non-concurrence en fiscalité, D. GUTMANN, *Pour une clarification de la nature fiscale de la clientèle*, L'Année fiscale 2004, p. 185 à 199.

facilitant les conditions de rupture et en permettant à l'entreprise d'anticiper le coût de la séparation.

Nous pourrions même soutenir que c'est l'existence même du contrat à durée indéterminée qui rend difficile l'intégration de la valeur du salarié dans le goodwill, à l'Inverse par exemple au calcul qui peut intervenir lors du calcul du prix à payer pour acquérir un club de football. La normalisation comptable repose donc tout à la fois sur la consécration du changement des durées d'appréciation des résultats de l'entité économique et sur l'adéquation des comportements à ce changement de perception des durées.

Loin de se contredire, les règles sociales et comptables coïncident donc pour justifier une restriction des droits des salariés et une remise en cause complète du droit du travail. La normalisation comptable porte en elle une normalisation des comportements que la nouvelle matrice comptable met en forme en rendant problématiques les provisions passées en matière d'engagement de retraites ou en privilégiant la durée déterminée des contrats de travail sur leur durée indéterminée. Dans ce cadre, tant la jurisprudence relative à la clause de non-concurrence que les accords compétitivité emploi ou encore le compte épargne-temps justifient la multiplication et la comptabilisation des sommes que l'entité économique verserait en contrepartie d'une renonciation des droits des salariés, sans qu'il soit légitime de différencier les droits selon leur nature. Le tout bénéficie de l'aval implicite de l'amoralisme du droit fiscal.

CHAPITRE III :
L'apport du Protocole facultatif se rapportant aux droits économiques, culturels et sociaux : le rôle du comité des droits économiques et sociaux

Le Protocole facultatif se rapportant aux droits économiques, culturels et sociaux est la réponse institutionnelle à l'ineffectivité des procédures interétatiques définies par le PIDESC. En 1985, le Conseil économique et social des Nations Unies, c'est-à-dire l'organe désigné par le Pacte pour examiner les rapports des États à propos du respect de ses dispositions, adopte une résolution qui crée le Comité des droits économiques et sociaux. Sa mission : assumer les tâches de surveillances confiées au Conseil dans la quatrième partie du Pacte.

Il a été décidé en 1996 de définir « *un projet de Protocole facultatif se rapportant au Pacte international relatif aux droits économiques, sociaux et culturels, qui reconnaîtrait aux particuliers ou aux groupes le droit de présenter des communications (des plaintes) relatives au non-*

respect du Pacte. L'élaboration de ce projet avait été recommandée par la Conférence mondiale sur les droits de l'homme ».

Ce Protocole a été adopté le 10 décembre 2008 par une Résolution des Nations Unies[133], ce qui signifie que, par son énoncé même, il ne s'impose nullement aux États ; en plus il ne dispose pas d'une valeur contraignante ; enfin, conformément à l'article 20 qui n'a d'équivalent ni dans le PIDESC ni dans le PIDCP, « *tout État Partie peut dénoncer le présent Protocole à tout moment en adressant une notification écrite au Secrétaire général de l'Organisation des Nations Unies. La dénonciation prend effet six mois après la date de réception de la notification par le Secrétaire général* ». A ces limites intrinsèques s'ajoute bien évidemment la possibilité pour les États de stipuler des réserves. Pour autant, ce Protocole définit une procédure nouvelle quant à l'examen des manquements des États aux obligations définies par le PIDESC. Premier degré d'une justiciabilité ou procédure parallèle à la reconnaissance progressive en droit interne de l'effet direct du Pacte ? C'est toute l'ambiguïté : ce Protocole facultatif contient 22 articles ; ils se succèdent les uns les autres sans être subdivisés entre différentes parties et définissent une procédure non-juridictionnelle devant le Comité des droits économiques et sociaux. La rédaction de ses articles cherche à maintenir les droits économiques et sociaux dans une zone intermédiaire à défaut de se prononcer expressément sur leur justiciabilité alors que, comme nous l'avons montré précédemment (cf. supra) l'interprétation du PIDESC par les juridictions nationales s'autonomise et tend à promouvoir son effectivité.

Conformément au droit des traités, le fait d'être partie au PIDESC n'implique nullement la ratification du Protocole. Mais si celui-ci est ratifié alors « *le Comité a compétence pour recevoir et examiner les communications prévues par les dispositions du présent Protocole* » (art 1.1). Afin néanmoins d'éviter toute interprétation autonome du pacte qui étendrait la compétence du comité en raison de la

133. http://www2.ohchr.org/french/law/docs/A.RES.63.117_fr.pdf

spécificité de la matière, l'article 1.2 stipule que « *le Comité ne reçoit aucune communication intéressant un État Partie au Pacte qui n'est pas Partie au présent Protocole* ». L'existence du Protocole facultatif ne renforce donc pas par principe les droits des individus. C'est ce que nous montrerons en distinguant les procédures de saisine du Comité définies par le Protocole (1) avant d'en évaluer la portée (2)

1) Les procédures de saisine du Comité des droits économiques et sociaux

Les articles du Protocole décrivent trois types de procédure pour qu'intervienne la transmission des communications. On soulignera au préalable le caractère neutre du terme communication par opposition à celui de plainte, voire de recours juridictionnel à l'instar de la terminologie utilisée dans le PIDCP. Nous restons donc dans tous les cas dans le cadre de procédures non-juridictionnelles, que ce soit pour les particuliers ou groupes de particuliers (1), pour les communications interétatiques (2) ou pour les procédures d'enquête (3). Et dans tous les cas, il apparaîtra finalement que la procédure importe moins que le risque de médiatisation qu'elle engendre pour les États concernés.

a) Les particuliers ou groupes de particuliers

La première procédure concerne les particuliers ou groupe de particuliers : « *Des communications peuvent être présentées par des particuliers ou groupes de particuliers ou au nom de particuliers ou groupes de particuliers relevant de la juridiction d'un État Partie, qui affirment être victimes d'une violation par cet État Partie d'un des droits économiques, sociaux et culturels énoncés dans le Pacte* ». Autrement dit, l'individu dont l'État est signataire du Protocole dispose d'un droit de recours non-juridictionnel (art. 2). L'expression « groupes de particuliers » marque la consécration des organisations non-gouvernementales dans la mise en œuvre des droits reconnus par le PIDESC. Comme cela a déjà été relevé, les droits de l'homme ne sont pas dissociables du contexte social dans lequel il s'exerce et, dans ce contexte social, les associations sont des éléments clés de la promotion des droits des individus. Là où une mutation se profile, c'est dans la substitution des syndicats par des associations de défense de divers intérêts. Mais, même si une organisation non-gouvernementale agit, cela ne constitue pas un gage de sécurité pour les individus - *Une communication ne peut être présentée au nom de particuliers ou groupes de particuliers qu'avec leur consentement à moins que l'auteur ne puisse justifier qu'il agit en leur nom sans un tel consentement* (art. 2). Encore faut-il toutefois que la communication soit recevable :

1. Le Comité n'examine aucune communication sans avoir vérifié que tous les recours internes ont été épuisés. Cette règle ne s'applique pas dans les cas où la procédure de recours excède des délais raisonnables. Il faut donc avoir usé de toutes les voies de recours en droit interne, ce qui peut avoir un coût dissuasif pour l'individu ou pour l'association.

2. Le Comité déclare irrecevable toute communication qui :

a) N'est pas présentée dans les douze mois suivant l'épuisement des recours internes, sauf dans les cas où l'auteur peut démontrer qu'il n'a pas été possible de présenter la communication dans ce délai ;

b) Porte sur des faits antérieurs à la date d'entrée en vigueur du présent Protocole à l'égard de l'État Partie intéressé, à moins que ces faits ne persistent après cette date ;

c) A trait à une question qu'il a déjà examinée ou qui a déjà fait l'objet ou qui fait l'objet d'un examen dans le cadre d'une autre procédure d'enquête ou de règlement au niveau international ; - si l'État fait déjà l'objet d'une procédure en vertu du PIDESC, il n'est pas possible pour une personne ou un groupe de personnes de recourir à la procédure prévue par le Protocole.

d) Est incompatible avec les dispositions du Pacte ;

e) Est manifestement mal fondée, insuffisamment étayée ou repose exclusivement sur des informations diffusées par les médias ; - la limite peut paraître excessive : dans bien des cas, les affaires d'atteintes aux droits de l'homme sont la conséquence d'enquêtes journalistiques. L'irrecevabilité aboutit de jure à signifier aux journalistes que leur liberté d'expression n'a pas vocation à trouver dans le Protocole un vecteur institutionnel de leurs éventuelles révélations par le biais d'une action menée par des particuliers ou groupes de particuliers mais par un autre moyen (cf. procédures d'enquête).

f) Constitue un abus du droit de présenter une communication ; - peut-être faut-il lire cette cause d'irrecevabilité en liaison avec l'article suivant du Protocole : « *Le Comité peut, si nécessaire, refuser d'examiner une communication dont il ne ressort pas que l'auteur a subi un désavantage notable, à moins que le Comité ne considère que la communication soulève une grave question d'importance générale* » (art.4).

g) Est anonyme ou n'est pas présentée par écrit - en rejetant les communications anonymes, le Comité évite certes la tentation de la délation mais ignore la difficulté de faire respecter les droits de l'homme dans un pays autoritaire par exemple. Certes, l'article 13 stipule que « *l'État Partie prend toutes les mesures nécessaires pour veiller à ce que les personnes relevant de sa juridiction ne fassent l'objet d'aucune forme de mauvais traitements ou d'intimidation du fait qu'elles adressent au Comité des communications au titre du présent Protocole* ». Mais la rédaction de ce texte au présent n'impose pratiquement aucune obligation dont le manquement serait sanctionné sauf à se référer à l'article 2 b du PIDCP. Le tropisme en faveur des droits civils et politiques continue d'être sous-jacent à la perception des droits économiques, sociaux et culturels alors même que le Protocole énonce dans son préambule le principe de l'indivisibilité des droits de l'homme.

Il faut alors se rendre à l'évidence : le fait de transmettre une communication ne signifie pas qu'elle sera examinée. En revanche, et cela peut poser problème dans des pays non-démocratiques : celui ou ceux qui auront adressé leur communication seront connus des instances de l'État sauf si celle-ci est jugée irrecevable. La démarche peut donc être coûteuse et contre-productive.

A supposer toutefois que la communication soit recevable, les articles suivants du Protocole décrivent la manière dont elle va être traitée. En premier lieu, le Comité peut demander à l'État d'adopter des mesures provisoires en raison des circonstances exceptionnelles. En second lieu, à partir du moment où le Comité a estimé la communication recevable, *le Comité porte confidentiellement à l'attention de cet État Partie toute communication qui lui est adressée en vertu du présent Protocole*, ce qui donne lieu à une réponse écrite par l'État concerné (art.6). L'objectif étant d'aboutir à un règlement amiable (art. 7), la procédure se déroulant en outre à huis-clos (art. 8) pour se conclure par le prononcé de mesures non-contraignantes (art. 9). La démarche de recours fondée sur la transmission de communication n'a donc pas vocation à être publique et d'entraîner à une prise à partie des pratiques de l'État critiqué par les autres États ou plus simplement par l'opinion publique. En revanche, en troisième lieu, une fois la procédure achevée, d'une part, « *dans son rapport annuel, le Comité inclut un récapitulatif de ses activités au titre du présent Protocole* » (art.15) ; d'autre part, « *tout État Partie s'engage à faire largement connaître et à diffuser le Pacte et le présent Protocole, ainsi qu'à faciliter l'accès aux informations sur les constatations et recommandations du Comité, en particulier pour les affaires concernant cet État Partie* » (art.16). Cet élément est loin d'être négligeable[134].

A cette procédure que l'on pourrait qualifier de standard, les articles 10 et 11 du Protocole définissent de façon très détaillée deux autres procédures distinctes.

b) Les communications interétatiques

L'article 10 prévoit la possibilité de communications interétatiques, c'est-à-dire l'hypothèse où un État partie « *reconnaît la compétence du Comité pour recevoir et examiner des communications dans lesquelles un État Partie affirme qu'un autre État Partie ne s'acquitte pas de ses obligations au titre du Pacte* ». Schématiquement, c'est comme si un État faisait un procès à un autre État devant le Comité alors même qu'il ne constitue pas un organe juridictionnel – (art 10. 1 b) « *Si la question n'est pas réglée à la satisfaction des deux États Parties intéressés dans un délai de six mois à compter de la date de réception de la communication originale par l'État destinataire, l'un et l'autre auront le droit de la soumettre au Comité, en adressant une notification au Comité ainsi qu'à l'autre État intéressé* ». Il revient alors au Comité de proposer une solution qui, conformément à la logique du texte, n'est pas contraignante. Mais,

---

134. Cf. Rapport de M. Alain Bocquet sur le projet de loi autorisant la ratification du Protocole facultatif se rapportant au pacte international relatif aux droits économiques, sociaux et culturels, A.N., 1845, 10 juin 2014. *Un constat de violation du Pacte induit en effet une stigmatisation sur la scène internationale. Pour les démocraties occidentales en particulier, qui sont soucieuses de leurs opinions publiques et font de la défense des droits de l'homme un axe important de leur politique étrangère, la répercussion en termes d'image serait très négative. De ce point de vue, les décisions du Comité pourraient en fait avoir une portée qui va bien au-delà de leur force juridique, et le Protocole constituer un puissant incitatif à mieux respecter les droits garantis par le Pacte et à donner rapidement suite aux avis du Comité.*
Disponible : http://www.assemblee-nationale.fr/14/rapports/r2013.asp

là encore, la contrainte n'est plus tant juridique que médiatique puisque, par définition, l'intervention du Comité sera mentionnée dans son rapport et donc publiée.

c) Procédures d'enquêtes

Ce troisième type de procédure découle du caractère facultatif du Protocole : elle ne peut intervenir que si, préalablement, un État Partie déclare qu'il reconnaît la compétence du Comité aux fins du présent article, déclaration qui peut intervenir à tout moment (art.11). Mais cette déclaration ne constitue en rien un engagement définitif : « *tout État Partie ayant fait la déclaration prévue au paragraphe 1 du présent article peut, à tout moment, retirer cette déclaration par voie de notification adressée au Secrétaire général* » (art. 11.8). On peut donc parfaitement imaginer une situation dans laquelle un État aurait reconnu la compétence du Comité pour, si une enquête est lancée contre lui, la désavouer.

Cette hypothèse extrême mise à part, à partir du moment où un État partie reconnaît la compétence du Comité, « *si le Comité reçoit des renseignements crédibles indiquant qu'un État Partie porte gravement ou systématiquement atteinte à l'un des droits économiques, sociaux et culturels énoncés dans le Pacte, il invite cet État Partie à coopérer avec lui aux fins de l'examen des informations ainsi portées à son attention et à présenter ses observations à leur sujet* » (art. 11.2). Contrairement aux procédures précédentes menées soit par un particulier ou groupe de particuliers, soit par un État, il n'est pas précisé d'où proviennent les renseignements crédibles. Est-ce à dire par exemple qu'une organisation non-gouvernementale pourrait adresser un rapport complet sur la situation des droits économiques et sociaux dans un pays sans pour autant se présenter comme représentant de particuliers ? Ou alors un journaliste qui ferait dans ce cas office de lanceur d'alerte, transmettrait un dossier sur ce qu'il a pu constater ? Ou alors, et sans prétendre à l'exhaustivité, un État préfèrerait privilégier cette procédure pour éviter une confrontation formelle devant le Comité ?

Quoi qu'il en soit, ces renseignements crédibles enclenchent une procédure d'enquête par le Comité. Là encore, pas de véritable caractère contraignant puisque l'État concerné peut parfaitement refuser l'accès à son territoire aux enquêteurs. Mais, la vraie menace qui pèse sur l'État ne réside pas tant dans les conséquences de l'enquête que dans le risque médiatique que celle-ci fait peser sur l'État mis en cause. Pratiquement, il paraît difficile d'imaginer un État qui s'engagerait pour mieux se dédire, un État qui s'engagerait à accepter le principe des procédures d'enquête pour refuser ensuite l'accès à son territoire. Ce risque médiatique est ici d'autant plus grand que, bien évidemment l'activité du comité a vocation à être consigné dans le rapport annuel (art. 11-7) mais en plus, contrairement aux procédures décrites précédemment, il n'est pas précisé que la procédure d'enquête s'effectuera dans la confidentialité.

En marge de ces trois procédures, l'article 14 envisage, dans le droit fil des dispositions du PIDESC relatives à la coopération internationale, l'hypothèse où « *les observations ou recommandations concernant des communications et demandes indiqu(ent) un besoin de conseils ou d'assistance techniques, accompagnés, le cas échéant, des commentaires et suggestions de l'État Partie sur ces observations ou recommandations* ». De même sur « *l'opportunité de mesures internationales propres à aider l'État Partie à progresser sur la voie de la mise en œuvre des droits reconnus dans le Pacte* ». Mais cette transmission aux autres organes des Nations Unies ne peut intervenir que si l'État concerné est consentant.

Finalement, la rédaction du Protocole reste profondément marquée par l'idée que la protection des droits économiques, sociaux et culturels doit davantage s'inscrire dans une logique de consentement des États que dans celle conflictuelle d'un procès en dépit de l'appel permanent du comité à la justiciabilité des droits.

C'est dans ce cadre qu'il convient d'évaluer la portée de l'insertion du Protocole dans un ordre juridique.

2) Portée des dispositions contenues dans le Protocole facultatif

Pour évaluer la portée des dispositions contenues dans le Protocole facultatif se rapportant aux droits économiques, sociaux et culturels, nous distinguerons comment les différents acteurs concernés l'appréhendent.

S'agissant des États, la rédaction du Protocole, le faible nombre de ratifications comme les réserves qu'ils ont pu stipuler montrent qu'ils restent réticents à concevoir pratiquement ce qu'eux-mêmes affirment dans le préambule du Protocole, à savoir l'indivisibilité des droits de l'homme. En Afrique, seul le Gabon a ratifié le Protocole. En Europe, la France, lors de la ratification a émis comme réserves qu'elle ne s'estime pas tenus par les articles 10 et 11, c'est-à-dire par les communications interétatiques et les procédures d'enquêtes. Par voie de conséquence, les autres États parties ne peuvent dénoncer les atteintes aux droits de l'homme commises dans ce pays et, réciproquement. Sauf à considérer que dans les faits, aucun État n'osera utiliser la procédure définie par l'article 10 de peur d'être soumis à des représailles voilées sur le plan commercial ou financier.

Un argument avancé pour justifier ses réserves mérite néanmoins l'attention. Tous les États signataires ne sont pas forcément des États disposant d'une société démocratique, contrairement aux exigences du pacte. Or, le comité, dans son mode d'appréciation, ne distingue pas entre États autoritaires et les autres de façon à maintenir une sorte de neutralité des droits de l'homme. L'atteinte aux droits de l'homme, dans la conception du Comité tend à se résumer à la souffrance de l'individu quelle qu'elle soit alors même que la nature politique du régime contribue à accroître ou à réduire celle-ci. Ce faisant, les États démocratiques se trouvent plus facilement exposés à la critique, critique qui en plus bénéficie dans ces États d'un fort écho médiatique en raison de la légitimité des organes des Nations unies. Les anglo-saxons utilisent à ce sujet le terme de Lawfare pour désigner une utilisation des règles afin d'obtenir non pas qu'elles soient mieux respectées mais une victoire médiatique et contribuer ainsi à déstabiliser un État démocratique[135]. Il en découle pratiquement une dévaluation de l'idéal des droits de l'homme dans les pays démocratiques.

S'agissant des organisations non-gouvernementales, en dépit des limites intrinsèques au texte et à sa mise en œuvre, celles-ci ont massivement approuvé l'adoption et la ratification du Protocole. Tout d'abord, ces organisations voient leur rôle expressément consacré dans la mise en œuvre du PIDESC. Ensuite, elles sont parfaitement conscientes de l'impact médiatique des rapports qu'elles diffusent, surtout avec internet. Comme l'explique un auteur, « *l'éthique et la morale sont devenues politiques en même temps que les ONG se présentent comme une substitution au champ politique traditionnel de la représentation* »[136]. Autrement dit, les organisations comme Amnesty International ou Terre des hommes érigent les droits de l'homme en instrument politique avec l'appui du Comité des droits économiques et sociaux pour que le PIDESC comme le PIDCP d'ailleurs servent de norme d'évaluation des politiques publiques. En France, syndicats et organisations non-gouvernementales se sont regroupés à cet effet au sein d'une plateforme pour les droits économiques sociaux et culturels afin de rédiger un contre-rapport sur le respect par cet État du PIDESC et donner ainsi corps à cet objectif. Enfin, les organisations non-gouvernementales développent une interprétation du PIDESC,

135. Sur le lawfare, cf. http://www.intelligentzia.ch/doc/Modern-warfare-the-battle-for-public-opinion.pdf

136. Cf. un dossier complet même s'il est un peu ancien, http://horizon.documentation.ird.fr/exl-doc/pleins_textes/doc34-08/010032424.pdf

toujours à partir des observations formulées par le Comité, qui modifient profondément la teneur des droits des individus[137].

Le problème est le suivant : si justiciabilité du pacte il y a, ou si du moins la possibilité de transmettre des communications marque un début de justiciabilité, est-ce que celle-ci est conditionnée géographiquement par les frontières de l'État qui a ratifié le pacte ou est-ce qu'elle peut, au contraire, valoir pour des atteintes commises hors du territoire concerné mais disposant néanmoins d'un lien avec celui-ci ? Prenons par exemple le cas d'une entreprise française qui agit à l'étranger : en cas de dommages causés à l'étranger, les personnes victimes peuvent-elles invoquer les droits définis par le PIDESC devant les juridictions françaises pour obtenir gain de cause ? L'objectif étant ni plus ni moins d'une part de contourner les obstacles que ces personnes rencontrent dans leur pays d'origine, d'autre part de modifier le comportement des entreprises multinationales dont le siège social est situé en France ?

Il s'agit en somme de tenir compte de la modification profonde de l'activité économique et de développer une interprétation qui favorise une meilleure réalisation des droits économiques et sociaux aussi bien en interne qu'en international. Au fondement de ces actions, les organisations non-gouvernementales se prévalent notamment de l'article du PIDESC : *chacun des États parties au présent Pacte s'engage à agir, tant par son effort personnel que par l'assistance et la coopération internationales, notamment sur les plans économiques et techniques, au maximum de ses ressources disponibles, en vue d'assurer progressivement le plein exercice des droits reconnus par le présent Pacte par tous les moyens appropriés, y compris en particulier l'adoption de mesures législatives* ». Il y aurait donc au titre de « *l'assistance et de la coopération internationale* » une justification à la compétence de juridictions pour des faits présentant des éléments d'extranéité et les organisations non

---

137. Pour le rapport 2015,
http://www.crid.asso.fr/IMG/pdf/rc_-_complet_vf.pdf

gouvernementales, parce que présentes dans tous les pays, seraient les vecteurs de cette dynamique juridique.

Nous reproduisons ci-après un extrait du contre-rapport formulé par la plateforme en faveur des droits économiques, sociaux et culturels qui illustrent comment sont traduites les obligations de respect, de promotion et de mise en œuvre qui incombent aux États :

« Ces trois niveaux d'obligation extraterritoriales (respecter, protéger et promouvoir) impliquent pour les États de :

- S'abstenir de mener des actions qui entravent, directement ou indirectement, l'exercice des DESC dans d'autres pays (obligation de respecter) ;

- Contrôler que l'ensemble des acteurs sous leur juridiction – y compris les entreprises – respectent les DESC quand ils agissent dans d'autres pays (obligation de protéger) ;

- Soutenir par la coopération internationale les pays moins développés à mettre en œuvre les droits économiques, sociaux et culturels (obligation de mettre en œuvre) »[138].

L'État devient ainsi le garant de la possibilité d'agir contre les entreprises présentes sur son territoire même si le dommage causé a pour origine une filiale, c'est-à-dire un patrimoine autonome, et est intervenu à l'étranger. Que l'on soit clair : cette interprétation est loin d'être admise en droit positif car elle revient à remettre en cause le principe de responsabilité limitée des sociétés ainsi que les règles de conflits de lois en matière de droit international privé. L'affirmation du droit comme de l'existence du pacte ne prend sens que dans la capacité à démontrer que, juridiquement, les droits économiques et sociaux priment sur les autres règles ou du moins justifient un assouplissement des autres règles. Pour le dire

138. Idem, n°206.

autrement, pendant des années, le combat en faveur de l'interprétation du pacte avait pour finalité de l'ériger en texte autonome ; les années qui s'annoncent s'ouvrent alors sur un nouveau combat : démontrer la possibilité pour les juridictions d'utiliser le pacte dans une logique extraterritoriale. En l'état du droit positif, la Cour de cassation française a effectivement retenu cette possibilité à partir d'un règlement européen et sans se référer au PIDESC dont l'arrêt ne fait nulle mention[139].

Mais, comme pour les lanceurs d'alerte, cette intervention d'associations se double d'une multiplication des poursuites pénales enclenchées par les sociétés accusées, poursuites pénales que les juges qualifient bien souvent comme étant dénuées de tout fondement mais qu'ils sont obligés d'instruire afin de ne pas porter atteinte au droit d'agir en justice. Les tribulations judiciaires de la société Vinci à la suite de la plainte déposée par l'association Sherpa pour travail dissimulé en raison des conditions de travail qu'imposerait Vinci au Qatar constituent un archétype : Sherpa a été poursuivi successivement pour atteinte à la présomption d'innocence, diffamation et dénonciation calomnieuse[140]. Trois actions en justice pour épuiser l'association qui n'a pas encore épuisé les voies de recours pour reprendre la terminologie du protocole facultatif.

---

139. Cass. soc., 28 janv. 2015, n° 13-22.994, n° 13-22.995, n° 13-23.003, n° 13-23.004, n° 13-23.005 et n° 13-23.006, FS-P+B, SA Comilog international et a. c/ M. A. et a. : *Mais attendu qu'aux termes de l'article 2 § 1 du* règlement n° 44/2001 *du Conseil de l'Union européenne du 22 décembre 2000, concernant la compétence judiciaire, la reconnaissance et l'exécution des décisions en matière civile et commerciale, les personnes domiciliées sur le territoire d'un État membre sont attraites, quelle que soit leur nationalité, devant les juridictions de cet État membre ; que l'instance ayant été engagée par des demandeurs ayant leur domicile dans un État tiers à l'encontre des sociétés Comilog France, Comilog Holding et Comilog International, ayant leur siège social en France, les juridictions françaises sont dès lors compétentes.*

140. https://www.business-humanrights.org/fr/proc%C3%A8s-vinci-travail-forc%C3%A9-au-qatar

Il faut donc comprendre l'intérêt des organisations non gouvernementales pour le Protocole facultatif comme une manière d'étendre le respect pour les droits économiques, sociaux et culturels en prenant à partie les États lors de la rédaction du rapport du Comité sur le pays qui a ratifié cette procédure. Les résultats sont pour l'heure incertains.

S'agissant des individus, l'intérêt est peut-être plus réduit. Il ne faut pas oublier qu'ils ne peuvent saisir le comité qu'une fois les procédures internes épuisées. Or, lors de ces procédures, les juridictions sont susceptibles de reconnaître l'effet direct des dispositions du PIDESC, ce qui pratiquement rend inutile la transmission d'une communication au Comité.

C'est peut-être le paradoxe : la ratification est intervenue à une date où, pratiquement les personnes disposent de davantage de moyens et de textes pour faire valoir leurs droits. Aussi, en situant le PIDESC au regard des autres textes du droit international, nous montrerons que la diffusion des valeurs du pacte à travers d'autres textes aboutit à ce que celui-ci conserve certes une spécificité mais, du moins pour l'Europe, présente un intérêt moindre en termes de justiciabilité.

CHAPITRE IV :
Le Pacte international relatif aux droits économiques, sociaux et culturels au regard des autres textes composant le droit social international

Le PIDESC constitue un texte majeur du droit international en raison de sa filiation avec la Déclaration universelle des droits de l'homme. Qui plus est, en tant que pacte et non déclaration, les États qui l'ont ratifié l'ont intégré à leur ordre juridique. Pour autant, cette intégration n'a pas donné lieu à la reconnaissance automatique de nouveaux droits pour les individus. Une cause générale qui vaut historiquement pour tous les textes relatifs aux droits de l'homme : leur simple proclamation n'implique pas leur invocation contentieuse par les individus. Par exemple, la Déclaration des droits de l'homme et du citoyen date de 1789. Pourtant, il faut attendre les années 1970 pour qu'apparaissent des contentieux sur l'interprétation de ce texte et les années 1990 pour que, sous l'influence de la Convention européenne de sauvegarde des droits de l'homme et des libertés fondamentales, les individus généralisent l'invocation des atteintes aux droits de l'homme tant dans des contentieux les opposant à la puissance publique que dans des contentieux privés. Vu sous cet angle, la lente pénétration du pacte dans les références juridiques des plaideurs n'a rien d'exceptionnel avec une nuance importante : l'évolution des modes de communication facilite le changement du corpus de référence des individus. Il leur revient alors à démontrer que, contrairement aux apparences, le texte est suffisamment clair et précis pour pouvoir contester une mesure institutionnelle ou constituer une nouvelle voie de droit dans les contentieux entre personnes privées.

Dans ce cadre général, il faut pour comprendre la relative ignorance en droit du PIDESC rappeler que ce texte cohabite avec d'autres textes en droit international. Ces autres textes sont d'ailleurs constamment invoqués dans les observations formulées par le Comité qui s'en est ainsi servi pour préciser la portée des droits définis dans le pacte. C'est un peu comme si les discussions sur la pertinence de proclamer des droits économiques, sociaux et culturels avaient détourné les individus de ce texte fondateur. Bref, 50 ans après sa promulgation, la référence au pacte est peut-être moins essentielle pour assurer la justiciabilité des droits qu'il énonce : d'autres textes sont finalement d'un maniement plus aisé (1) ; d'autres principes ont émergé (2).

1) Les autres textes relatifs aux droits économiques, sociaux et culturels

Plusieurs textes définissent ce que l'on appelle aujourd'hui, en raison de l'existence du pacte des droits économiques, sociaux et culturels. Soit ces textes sont antérieurs au pacte comme ceux de l'Organisation Internationale du Travail (a), soit ils découlent des principes du pacte (b), soit ils se sont développés de façon parallèle dans le cadre des déclarations régionales à l'instar de ce qui a pu être observé en Europe (c). Le recours à ces textes a ainsi éludé la référence au pacte et permet à présent de mieux en circonscrire la portée.

a) Les textes de l'Organisation Internationale du Travail

L'Organisation Internationale du Travail a été créée par la communauté internationale en 1919 après la première guerre mondiale. Les principes qu'elle énonce comme les moyens de contrôle dont elle a été dotée visent précisément à l'effectivité des droits sociaux.

Le préambule du texte à l'origine de sa constitution énonce nombre d'idées et de principes qui seront ensuite repris dans le PIDESC. Pour ne citer que quelques passages :

Attendu qu'il existe des conditions de travail impliquant pour un grand nombre de personnes l'injustice, la misère et les privations, ce qui engendre un tel mécontentement que la paix et l'harmonie universelles sont mises en danger, et attendu qu'il est urgent d'améliorer ces conditions…

Le Préambule mentionne également un certain nombre d'actions destinées à améliorer la situation des travailleurs auxquelles le pacte et l'interprétation que lui en a donné le Comité des droits économiques et sociaux font singulièrement écho.

- la réglementation des heures de travail, y compris la fixation d'une durée maximum de la journée et de la semaine de travail ;

- le recrutement de la main d'œuvre, la lutte contre le chômage, la garantie d'un salaire assurant des conditions d'existence convenables ;

- la protection des travailleurs contre les maladies générales ou professionnelles et les accidents résultant du travail ;

- la protection des enfants, des adolescents et des femmes ;

- l'affirmation du principe « à travail égal, salaire égal » ;

- l'affirmation du principe de la liberté syndicale ;

- l'organisation de l'enseignement professionnel et technique et autres mesures analogues.

Compte tenu de cette mission, différentes conventions internationales ont été ratifiées au titre desquelles :

- Convention (n° 29) sur le travail forcé, 1930 ;

- Convention (n° 87) sur la liberté syndicale et la protection du droit syndical, 1948 ;

- Convention (n° 98) sur le droit d'organisation et de négociation collective, 1949 ;

- Convention (n° 105) sur l'abolition du travail forcé, 1957 ;

- Convention (n° 100) sur l'égalité de rémunération, 1951 ;

- Convention (n° 111) concernant la discrimination (emploi et profession), 1958 ;

- Convention (n° 138) sur l'âge minimum, 1973 ;

- Convention (n° 182) sur les pires formes de travail des enfants, 1999.

Le corpus des droits sociaux fondamentaux - il existe d'autres conventions - est donc largement établi indépendamment du pacte de 1966. Comme pour toute convention internationale, tout dépend de la ratification par les États. En l'occurrence, selon les statistiques de l'O.I.T., 139 pays ont ratifié ces 8 conventions ; 18 pays en ont ratifié 7 sur un total des 191 membres des Nations Unies[141]. Comparativement, 164 pays ont ratifié le PIDESC. En somme, la quasi-totalité des États signataires du pacte a également intégré dans leur ordre juridique les textes de l'O.I.T. On signalera toutefois que les États-Unis n'ont ratifié ni le pacte ni les conventions de l'O.I.T. Logiquement, compte tenu de l'ancienneté de ses textes et surtout de leur mode de rédaction dénué généralement de toute ambiguïté, il est plus aisé pour les justiciables de se référer à ces

---

141. http://www.ilo.org/dyn/normlex/fr/f?p=1000:10011:4002796779294073::::P10011_DISPLAY_BY:2

conventions qu'au pacte dont l'interprétation repose d'ailleurs sur ces conventions.

La question de la justiciabilité des droits reconnus par le pacte se pose alors principalement dans les cas suivants :

- soit un plaideur invoque un maximum de textes au soutien de ses prétentions et se prévaut aussi bien du pacte comme des textes de l'O.I.T. pour obtenir gain de cause ;

- soit le conflit survient dans un pays qui n'a pas ratifié toutes les conventions précédemment citées et, dans ce cas, l'invocation de l'effet direct du pacte tente de compenser cette lacune.

En outre, les règles de l'O.I.T. sont plus contraignantes dès l'origine que celles définies par le pacte ou le Protocole facultatif. Ainsi de l'article 1. 5 de la Constitution de l'O.I.T. relatif au retrait d'un État – « *Lorsqu'un Membre aura ratifié une convention internationale du travail,* ***ce retrait n'affectera pas la validité****, pour la période prévue par la convention, des obligations résultant de la convention ou y relatives* » (c'est nous qui soulignons). Enfin, quand bien même cette Constitution ne prévoit pas de recours individuel, d'autres voies sont ouvertes sans les circonvolutions rhétoriques du Protocole facultatif :

- article 24 sur la possibilité pour les organisations professionnelles des travailleurs ou des employeurs d'adresser une réclamation contre un État qui « *n'aurait pas assuré d'une manière satisfaisante l'exécution d'une convention à laquelle ledit Membre a adhéré* », réclamation qui pourra être rendue publique « *si aucune déclaration n'est reçue du gouvernement mis en cause dans un délai raisonnable, ou si la déclaration reçue ne paraît pas satisfaisante au Conseil d'administration* » (art. 25) ;

- en vertu de l'article 26, « *chacun des Membres pourra déposer une plainte au Bureau international du Travail contre un autre Membre qui, à son avis, n'assurerait pas d'une manière satisfaisante l'exécution d'une convention que l'un et l'autre auraient ratifiée en vertu des articles précédents* », ce qui est le pendant des communications interétatiques définies par le Protocole facultatif à la nuance importante que les réserves étatiques ici ne sont pas recevables.

Plus encore, à la suite du sommet mondial de Copenhague en 1995 à la suite duquel les 186 États participant ont adopté un programme faisant du progrès social une priorité internationale[142], a été adoptée la Déclaration de l'O.I.T. relative aux principes et droits fondamentaux au travail et son suivi par la Conférence internationale du travail en 1998. Deux clauses permettent de distinguer ce texte tant du pacte que du Protocole.

La conférence internationale du travail « *déclare que l'ensemble des Membres, même lorsqu'ils n'ont pas ratifié les conventions en question, ont l'obligation, du seul fait de leur appartenance à l'Organisation, de respecter, promouvoir et réaliser, de bonne foi et conformément à la Constitution, les principes concernant les droits fondamentaux qui sont l'objet desdites conventions, à savoir :*

---

142. Nous reproduisons ci-après les 10 points de la Déclaration de Copenhague de 1995 :
1. Éliminer l'extrême pauvreté suivant un calendrier à fixer dans chaque État ;
2. Soutenir le plein emploi comme un objectif politique fondamental ;
3. Favoriser une intégration sociale fondée sur le respect et la défense de tous les droits de l'homme ;
4. Promouvoir l'égalité et l'équité entre hommes et femmes ;
5. Accélérer le développement de l'Afrique et des pays les moins avancés ;
6. Faire en sorte que les programmes d'ajustement structurel contiennent des objectifs de développement social ;
7. Augmenter les ressources allouées au développement social ;
8. Créer un environnement social, économique, politique, culturel et juridique favorable au développement social
9. Permettre un accès universel et équitable à l'éducation et aux premiers soins
10. Renforcer la coopération pour un développement social par le biais des Nations Unies.

(a) la liberté d'association et la reconnaissance effective du droit de négociation collective ;

(b) l'élimination de toute forme de travail forcé ou obligatoire ;

(c) l'abolition effective du travail des enfants ;

(d) l'élimination de la discrimination en matière d'emploi et de profession ».

La question de la ratification des textes ne constitue pas, contrairement aux principes du droit international, une cause justificative pour éluder ces droits sociaux fondamentaux. De plus, « *l'objet du suivi annuel est de donner l'occasion de suivre chaque année, par un dispositif simplifié, les efforts déployés conformément à la Déclaration par les Membres qui n'ont pas encore ratifié toutes les conventions fondamentales* ». Contrairement au Protocole, le texte ici se veut expressément incitatif pour contribuer à l'amélioration des droits des salariés.

Compte tenu de ses différentes dispositions, le pacte comme le Protocole souffrent de leur rédaction alambiquée. L'effectivité du droit social passe alors davantage par les mécanismes mis en place par l'O.I.T.

A cette première série de règles s'ajoutent les conventions internationales dont l'objet est une déclinaison des principes définis dans la Charte des droits de l'homme, c'est-à-dire la Déclaration universelle et les deux Pactes.

b) Les conventions qui s'inscrivent dans le sillage du pacte

Est-ce en raison des discussions originelles sur la justiciabilité des droits économiques, sociaux et culturels ? Est-ce une dynamique propre au droit international que de multiplier les textes qui contiennent des dispositions similaires afin d'aboutir au respect des règles ? Sans pouvoir apporter de réponse tranchée à ces questions, force est cependant de constater qu'il existe de nombreuses conventions internationales qui ont pour finalité les principes de la Charte des droits de l'homme. Ces textes constituent une concurrence directe au PIDESC et obligent à vérifier pour chacun si d'une part, il a été ratifié et, d'autre part, s'il dispose d'un effet direct. Nous évoquerons dans cette partie uniquement les conventions qui, précisément, renforcent de façon directe ou indirecte la reconnaissance des droits économiques et sociaux des individus. Sans prétendre à l'exhaustivité, trois textes nous paraissent ici déterminants ; nous les exposerons dans l'ordre chronologique.

La convention sur l'élimination de toutes les formes de discrimination à l'égard des femmes

La convention sur l'élimination de toutes les formes de discrimination à l'égard des femmes a été adoptée par l'Assemblée générale des Nations unies le 18 décembre 1979. Elle est entrée en vigueur le 3 septembre 1981 et a été ratifiée par la France en 1983.

Ce texte est antérieur à la convention relative aux droits de l'enfant. Certes, les catégories « enfant » et « femme » présentent une réalité que l'on peut qualifier d'universelles au sens où elles se retrouvent dans toutes les cultures et civilisations. La convention de 1979 s'inscrit cependant dans une perspective différente de celle étudiée précédemment. Il ne s'agit plus de reconnaître des droits à une catégorie – l'égalité hommes/femmes est proclamée par la Déclaration de 1948 – mais de constater que l'affirmation de ce principe doit être renforcé par d'autres textes. La proclamation d'un idéal universel ne suffit pas : il faut tenir compte du caractère effectif de réalisation des droits, c'est-à-dire introduire une dimension sociologique dans la norme. Il y a ici une rupture conceptuelle qu'il convient d'exposer afin d'en mesurer la portée.

Comme pour les droits de l'enfant et comme cela sera ensuite institué à propos des droits économiques et sociaux, existe au sein des Nations Unies le Comité pour l'élimination de la discrimination à l'égard des femmes qui, en vertu d'un protocole additionnel adopté par l'Assemblée générale le 6 octobre 1999, et entré en vigueur le 22 décembre 2000, étend la compétence de ce Comité à l'examen de communications individuelles. La France l'a ratifié le 9 juin 2000. Nous retrouvons la dynamique de l'influence des normes internationales sur l'appréciation de la situation des femmes si ce n'est que nous sommes passés d'un examen sur les conditions juridiques de possibilité de réalisation d'un droit à un examen des conditions sociologiques dans lesquelles les femmes évoluent lorsqu'elles se prévalent de droits.

La rupture que nous qualifions ici de sociologique se traduit dans le texte de la façon suivante : le texte ne consacre aucunement de nouveaux droits mais veut inciter les États à lutter contre les pesanteurs sociales qui empêchent les femmes de réaliser les droits qui leur sont reconnus par la Déclaration et les Pactes précédemment étudiés. Ainsi, « *les États prennent les mesures appropriées pour modifier les schémas et modèles de comportement socioculturel de l'homme et de la femme en vue de parvenir à l'élimination des préjugés et des pratiques coutumières, ou de tout autre type, qui sont fondés sur l'idée de l'infériorité ou de la supériorité de l'un ou l'autre sexe ou d'un rôle stéréotypé des hommes et des femmes* » (article 5).

Trois points méritent d'être soulignés.

Premièrement, la convention évite de désigner expressément la religion comme cause socioculturelle des préjugés qui justifient habituellement le statut différencié des femmes dans les sociétés. Dès lors, sauf à démontrer que les religions reposent sur un postulat d'égalité hommes/femmes, ce qui contredirait toute l'analyse sociologique et rituelle du phénomène religieux, un État peut ratifier dans un même mouvement une convention contre les discriminations et une charte fondée sur des principes religieux. Certains États, conscients de cette contradiction insurmontable comme l'Arabie Saoudite, Bahreïn, les Émirats arabes unis et Oman, ont subordonné l'application de la convention à sa conformité aux normes de la loi islamique. En l'état actuel, pour les États moins « cohérents », les études juridiques contemporaines constatent plutôt une régression du statut personnel des femmes[143].

Deuxièmement, pour que se réalisent les droits des femmes, les États peuvent adopter ce que nous appelons maintenant des discriminations positives – « *L'adoption par les États parties de mesures temporaires spéciale visant à accélérer l'instauration d'une égalité de fait entre les hommes et les femmes n'est pas considéré comme un acte de discrimination tel qu'il est défini dans la présente Convention, mais ne doit en aucune façon avoir pour conséquence le maintien de normes inégales ou distinctes ; ces mesures doivent être abrogées dès que les objectifs en matière d'égalité de chances et de traitement ont été atteints.*(art. 4) ». Or, cette logique est, dans la logique onusienne, indépendante du régime politique du pays qui ratifie la convention. Le mouvement en faveur du principe de non-discrimination procède soit d'une dynamique de l'égalité – côté positif -, soit au contraire de l'atténuation des principes fondateurs en raison de considérations sociologiques – côté négatif -. Nous pencherions davantage vers le côté négatif compte tenu de la dynamique propre aux normes juridiques précédemment exposée sur la base d'une part de la dimension performative des règles et, d'autre part, sur la logique d'auto-engendrement qu'elles secrètent.

Troisièmement, à partir du moment où les institutions tiennent compte des conditions sociologiques de réalisation des droits, il est logique que d'autres textes viennent compléter cet édifice. Nous pouvons par exemple relever l'existence d'une Convention relative aux droits des personnes handicapées, adoptée par l'Assemblée générale des Nations unies le 13 décembre 2006 entrée en vigueur en France le 20 mars 2010.

143. H. Ludsin, *Relational Rights Masquerading as Individual Rights,* Duke Journal of Gender Law & Policy, 2008, pp. 195-221..

S'agissant à présent de la réception de ce texte, comme il ne porte que sur les conditions de réalisation des droits, il est en effet plus efficace de citer directement les pactes de 1966 déjà étudiés ou, bien évidemment, la Convention européenne des droits de l'homme et des libertés fondamentales. Pour autant, la convention ratifiée depuis 1983, fait l'objet, comme les autres textes, sur le plan institutionnel de davantage de références à compter des années 2000. Ces références portent dans leur grande majorité sur l'Arabie Saoudite, ce qui indirectement témoigne de l'hypocrisie internationale au niveau des Nations Unies à dissocier la question des discriminations envers les femmes et la religion. Enfin, à multiplier les textes supposés faciliter la réalisation des droits consacrés dans la Déclaration universelle, se confirme l'identification de l'homme sa seule souffrance pour obtenir la reconnaissance de droits.

Tout cela pourrait se limiter à un débat juridique. Ces textes disposent cependant, de par leur existence même, d'une force performative qui se double d'un processus d'auto-alimentation en raison de leur diffusion par les institutions mêmes.

La convention relative aux droits de l'enfant

La convention sur les droits de l'enfant a été adoptée par l'Assemblée générale des Nations unies le 20 novembre 1989 ; elle est entrée en vigueur le 2 septembre 1990. La France l'a ratifiée le 8 août 1990.

Ce texte est une nouvelle illustration de l'existence d'une dynamique institutionnelle indépendante du comportement des individus – il est bien évident que les enfants n'ont jamais réclamé le moindre droit ! Il s'inscrit en effet dans le prolongement d'une Déclaration sur les droits de l'enfant du 20 novembre 1959 qui avait pour origine une Déclaration de Genève du 26 septembre 1924. Nous pouvons donc clairement constater que le processus juridique a connu une évolution autonome en la matière : les textes ont été adoptés sans que l'on trouve vraiment de traces sur l'intérêt de consacrer des droits aux enfants hormis dans les travaux de J. Korschack.

Ce texte est suivi par une Déclaration mondiale sur l'éducation pour tous adoptée le 9 mars 1990 par 155 pays publié par l'Unesco.

Là encore, l'évolution des termes utilisés mérite attention : la Déclaration renvoie au texte de 1948 en dépit de la régionalisation des mécanismes de protection des droits de l'homme. Contrairement à la Convention, elle ne mentionne pas une seule fois le rôle de l'État pour assurer la réalisation des objectifs proclamés. L'ambigüité de la relation droits de l'homme/État présente dès 1948 se prolonge en raison de l'objet de la convention : l'enfant ne peut être citoyen mais doit se voir reconnaître une nationalité. Des auteurs estiment que ce texte est le premier à avoir consacré le multiculturalisme comme principe de société à l'échelon mondial[144]. Bref, le multiculturalisme serait d'abord le fruit d'une conception institutionnelle à l'origine d'une dynamique sociale.

En outre, nous retrouvons également à propos des droits de l'enfant l'émergence de chartes régionales à l'instar de la Charte africaine sur les droits et le bien-être de l'enfant en date du 29 novembre 1999. Comme pour la Charte africaine des droits de l'homme, ce texte érige en préambule les valeurs de la civilisation africaine en source d'inspiration et de réflexion sur les droits et le bien-être de l'enfant.

L'augmentation des recours fondés sur ce texte peut être lu comme la conjonction d'une part de modes d'accès simplifiés au juge et, d'autre part, comme la tendance déjà observée d'auto-justification sur la base des droits de l'homme.

Nous trouvons également mention de ce texte dans différents documents administratifs, ce qui nous renvoie à la même logique

---

144. Cf J.-M. Eriksen, F. Stjernfelt, *Les pièges de la culture ; les contradictions démocratiques du multiculturalisme*, Mètis Presses, 2012.

que celle identifiée à propos de la Déclaration universelle de 1948 : les gouvernements font référence à la convention quand bien même les juges ne confèrent pas forcément d'effet direct à toutes ses dispositions. Bref, une fois ratifié, le texte dispose d'une force performative en raison de sa simple consécration de droits, le paradoxe ici étant que ses droits ne peuvent pas forcément être invoqués par leurs titulaires.

L'invocation des droits de l'homme revêt la cause invoquée d'une telle dimension de justice qu'elle peut se déployer et faciliter l'auto-justification. Cette dimension performative explique peut-être pourquoi les questions parlementaires qui se réfèrent à ce texte n'invoquent pas systématiquement un article précis de la convention pour justifier leur interrogation. Pour autant, à travers les questions relatives à la discrimination, les critiques qu'adresse à la France le Comité des droits de l'enfant s'inscrivent dans le même mouvement que celles formulées par le Comité économique et social à partir d'une procédure très similaire (cf supra).

A travers la convention internationale relative aux droits de l'enfant, nous avons donc confirmé ce que nous avions pu suggérer à propos de la Déclaration universelle :

- contrairement à un constat fréquent en matière sociologique, ce n'est pas la sociologie qui est relativiste mais les règles de droit elles-mêmes qui portent en elles le relativisme[145] ;

- la définition d'un fait social comporte nécessairement une dimension internationale ;

- la question permanente de l'interaction entre les institutions et les individus trouve dans le recours à la dimension performative des textes un élément important de réponse.

145. Cf Revue européenne de sciences sociales, XLI-126 | 2003 : *Sociologie et relativisme.*

Il en résulte une tendance profonde : le droit se résume aux droits de l'homme ; cette simplification du droit en facilite l'accès au plus grand nombre et porte en soi la contestation permanente de l'ordre établi au point de rendre impossible l'émergence d'un consensus sur l'interprétation des textes. Ce point ressort de façon encore plus flagrante dans la rédaction de la convention sur la protection des droits de tous les travailleurs migrants et des membres de leur famille.

La convention internationale sur la protection des droits de tous les travailleurs migrants et des membres de leur famille

L'adoption de la Convention internationale sur la protection des droits de tous les travailleurs migrants et des membres de leur famille en date du 18 décembre 1990 et entrée en vigueur le 1er juillet 2003, non ratifiée pour l'heure par la France prolonge cette dynamique, précisément à l'échelle mondiale.

Cette Convention internationale précitée se présente en effet comme l'aboutissement de la conjonction de la Déclaration universelle des droits de l'homme de 1948, de la convention de lutte contre toutes les formes de discrimination raciale à l'égard des femmes ainsi que de la convention relative aux droits de l'enfant. Son adoption coïncide avec le rapport rendu lors de la conférence de Vienne relative à une convention mondiale sur les droits de l'homme initiée par la résolution de l'Assemblée générale des Nations unies 45/155 du 18 décembre 1990 qui préconise la reconnaissance de droits des minorités par delà les droits individuels afin notamment de faciliter le respect des cultures et de la religion des travailleurs migrants. Nous soulignerons l'antériorité de ces textes – 1990 – aux mouvements plus contemporains revendiquant l'abolition des frontières[146]. Nous sommes donc bien en présence d'un mouvement structurel d'affaissement des frontières qui n'en reste pas moins ambigu en raison du rôle qu'il confère à la religion comme élément constitutif de l'identité des migrants par delà leur nationalité.

Pour la première fois, ce n'est plus uniquement la distinction entre nationaux et immigrés qui est contestée mais également celles entre migrations régulières et migrations irrégulières au cœur des prérogatives politiques étatiques - *Considérant que les problèmes humains que comportent les migrations sont encore plus graves dans le cas des migrations irrégulières-*. C'est pourquoi le principe de non-discrimination interdit que le critère de la régularité de la présence sur le sol d'un État permette la promulgation de réglementations distinctes. S'il n'y a plus de différence entre le national et l'étranger, entre l'étranger en situation régulière et celui en situation irrégulière – c'est-à-dire celui qui n'a pas respecté les procédures lors de la passation des frontières d'un État, alors l'idée même de frontière perd sa pertinence. En somme, la liberté de circulation prime sur les restrictions que les États pourraient décider.

L'individu migrant a vocation à s'affranchir de sa nationalité, ou du moins à ne plus être déterminé par elle pour disposer de droits à l'étranger. L'existence de ce corpus de règles ne signifie cependant nullement que la situation des immigrés ou des personnes en situation irrégulière puisse être considérée comme satisfaisante. Tout au moins peut-on constater que, très tôt, des auteurs ont dénoncé le traitement que subissaient ces personnes sur le fondement précisément des droits de l'homme alors même que ceux-ci étaient quasi-absents dans les contentieux[147]. Quoi qu'il en

---

146. Cf l'initiative de l'Unesco en 2013 de Journée Internationale de la « *Citoyenneté Universelle et Liberté mondiale de circulation et d'installation des personnes* ».
147. Cf A. Sayad, *Y a-t-il une sociologie du droit de l'immigration ?* in *Le droit et les immigrés*, Edisud, janvier 1983, p.98-104.

soit, à travers le processus de reconnaissance de droits, la question des migrations semble aujourd'hui avoir pour corollaire celle de la consécration d'un droit au retour dont l'effectivité illustre l'ambivalence créée par l'application de droits dé-territorialisés dans le cadre de l'État-nation.

Plus largement, même si cette convention n'a pas été ratifiée par la France, elle constitue une source sous-jacente pour les institutions européennes. En 2003, le Comité économique et social européen propose d'« *accorder la citoyenneté de l'Union aux ressortissants de pays tiers résidant de façon stable dans l'UE permettrait de supprimer certaines discriminations dont souffrent un grand nombre de personnes* » parmi lesquelles il y a les discriminations religieuses. Pour la première fois, à notre connaissance, s'exprime une volonté manifeste de disjoindre la citoyenneté de la nationalité en rupture avec les principes de la Déclaration des Droits de l'homme et du citoyen de 1789 – « *L'Europe est plurielle dans tous les sens, elle est interculturelle par essence. La base de l'UE n'est pas la « nation européenne ». La citoyenneté européenne ne peut pas être basée uniquement sur la nationalité. La citoyenneté européenne doit dépasser la simple somme des ressortissants des États membres pour constituer une citoyenneté politique, plurielle, intégratrice et participative...* » l'enjeu est de « *placer au plus haut niveau de l'agencement institutionnel communautaire l'engagement en faveur d'un traitement équitable des ressortissants des pays tiers afin de promouvoir et faciliter l'intégration civique des ressortissants des pays tiers résidant de manière stable et régulière dans l'un des États membres de l'UE (égalité devant la loi)* [148]».

En l'espace de 50 ans, la demande de justiciabilité des droits a complètement changé de contexte géopolitique avec l'effondrement du communisme mais également de cadre juridique.

---

148. Avis du Comité économique et social européen sur « L'accès à la citoyenneté de l'Union européenne »" (2003/C 208/19), Journal Officiel du 3 septembre 2003– n° C 208– p. 76.

De prime abord, nous restons gouvernés par le principe de souveraineté des États, ce qui explique les formules utilisées dans le Protocole facultatif (c'est nous qui soulignons). Mais, en parallèle, toute une série de textes vient compléter et se surajouter aux pactes au point d'accentuer la logique d'autonomie d'interprétation déjà relevée (cf. supra) et d'aboutir à une remise en cause du principe de souveraineté. La Déclaration de Vienne précitée consacre le respect de la diversité et par extension le vivre ensemble substitut aux principes de la Charte des Nations Unies. Cette dynamique caractérise les derniers textes émanant de l'O.I.T. et surtout la convention internationale sur la protection des droits de tous les travailleurs migrants et des membres de leur famille.

L'exemple européen permet d'illustrer ce mouvement et de montrer comment les individus peuvent invoquer les droits économiques et sociaux au sein de leur ordre juridique respectif, même si, pratiquement, les textes adoptés dans cet espace ne peuvent, contrairement à ceux précédemment examinés, prétendre se substituer au PIDESC.

c) Les textes d'origine régionale : le cas de l'Europe

L'intégration européenne est un processus commencé il y a de cela plus de 50 ans. Par son ancienneté comme par les techniques juridiques utilisées, elle constitue un véritable archétype pour rendre compte de la dynamique des droits économiques et sociaux et de la difficulté pour les États de les satisfaire. Durant cette période, plusieurs catégories de textes se sont en effet superposées. Tous ne couvrent d'ailleurs pas forcément la même zone géographique. Tous illustrent, en revanche, à leur manière, les débats sur la justiciabilité des droits économiques, sociaux et culturels et la pertinence de la référence au PIDESC.

La Convention européenne de sauvegarde des droits de l'homme et des libertés fondamentales

En raison de l'imbrication des textes dans le contentieux, la référence aux droits de l'homme tend à confondre dans un même mouvement la Déclaration universelle, celle de 1789 et la Convention européenne de sauvegarde des droits de l'homme et des libertés fondamentales. Nous avions précédemment relevé en quoi la Déclaration universelle diffère de celle de 1789 notamment en supprimant toute référence à la citoyenneté. Cette Convention confirme cette logique tout en introduisant une nouveauté : le lien entre droits de l'homme et démocratie.

En tant que version régionale de la Déclaration universelle, la Convention de sauvegarde exclut également toute référence à la notion de citoyenneté. De même, nous retrouvons une énumération de droits déjà mentionnés dans la Déclaration universelle. De prime abord, la Convention n'avait pas pour objet les droits économiques, sociaux et culturels. Très tôt, la jurisprudence de la Cour européenne de sauvegarde des droits de l'homme et des libertés fondamentales a cependant consacré l'indivisibilité des droits de l'homme. A propos d'une affaire de divorce au regard du droit irlandais, la Cour a précisé qu'elle « *n'ignore pas que le développement des droits économiques et sociaux dépend beaucoup de la situation des États et notamment de leurs finances. D'un autre côté, la Convention doit se lire à la lumière des conditions de vie d'aujourd'hui (arrêt Marckx précité, p. 19, par. 41), et à l'intérieur de son champ d'application elle tend à une protection réelle et concrète de l'individu (paragraphe 24 ci-dessus). Or si elle énonce pour l'essentiel des droits civils et politiques, nombre d'entre eux ont des prolongements d'ordre économique ou social. Avec la Commission, la Cour n'estime donc pas devoir écarter telle ou telle interprétation pour le simple motif qu'à l'adopter on risquerait d'empiéter sur la sphère des droits économiques et sociaux ; nulle cloison étanche ne sépare celle-ci du domaine de la Convention »*[149]. Aussi, la Cour a reconnu la possibilité pour un justiciable de formuler un recours fondé sur les dispositions de la Convention européenne à propos de prestations sociales[150]. En ce sens, les individus ont indirectement trouvé dans les dispositions de la convention une manière de faire valoir leurs droits économiques et sociaux.

Ce texte présente toutefois deux nuances sémantiques qui, à notre sens, permettent d'expliquer des points contemporains qui, en 1950, n'avaient strictement rien d'évident. Il est vrai qu'à l'époque, le mécanisme contentieux dépendait des États et non des individus. Les individus ont néanmoins bénéficié de la dynamique textuelle originelle.

Première nuance, seules les libertés sont fondamentales sans que pour autant celles-ci soient expressément définies. Paradoxalement, le vocable droits fondamentaux s'est imposé apparemment uniquement par un phénomène de diffusion institutionnel. Nous reprenons ici les éléments présentés par un auteur dans sa tentative de cerner « *le caractère fondamental de certains droit* ». Sont cités en premier lieu les textes internationaux précédemment exposés. Durant les années 1980, l'expression est utilisée à quelques reprises tant par le législateur que par des juges du fond sans qu'il soit possible d'y trouver une quelconque cohérence.

A partir des années 1990, le législateur commence à introduire les textes par des articles premiers dans lesquels est énoncé le caractère fondamental des droits traités à l'instar du droit à la sécurité. En revanche, l'expression est présente dans le corpus jurisprudentiel de la Cour européenne dès les années 1960. Aujourd'hui, les prétentions des requérants sont, de façon quasi-systématique, à notre époque, transformées en atteinte à un droit fondamental.

---

149. CEDH, Airey, arrêt du 9 octobre 1979, série A, no 32, par. 26
150. CEDH, Feldbrugge c/ Pays-Bas, 27 juillet 1987, Requête no 8562/79

Deuxième nuance, point essentiel par rapport à la Déclaration universelle, le texte fait expressément référence à un régime politique : « *Réaffirmant leur profond attachement à ces libertés fondamentales qui constituent les assises mêmes de la justice et de la paix dans le monde et dont le maintien repose essentiellement sur un régime politique véritablement démocratique, d'une part, et, d'autre part, sur une conception commune et un commun respect des droits de l'homme dont ils se réclament* ». A l'époque, l'expression « *véritablement démocratique* » permet de distinguer les démocraties occidentales des démocraties populaires sous l'emprise soviétique. Cette expression s'oppose en cela à la mention somme toute limitée de société démocratique présente dans la Déclaration universelle. Comparativement, voici ce qu'estimait le Comité des droits de l'homme en 1990 à propos des pactes de 1966 : « *du point de vue des systèmes politiques ou économiques, le Pacte est neutre et l'on ne saurait valablement dire que ses principes reposent exclusivement sur la nécessité ou sur l'opportunité d'un système socialiste ou capitaliste, d'une économie mixte, planifiée ou libérale, ou d'une quelque autre conception* »[151]. Toujours à titre de comparaison, tant la Charte arabe que la Charte africaine ne font état du lien entre démocratie et droits de l'homme.

Nous avons donc ici l'expression juridique de ce qui s'est aujourd'hui imposé comme une évidence : le respect des droits de l'homme dépend de l'existence d'un régime démocratique. Cette idée a pour corollaire le lien entre la conception des droits de l'homme et la mise en œuvre de la démocratie. C'est en cela que la mutation démocratique provient d'abord et avant tout de la dynamique institutionnelle de la référence aux droits de l'homme. La sociologie des droits de l'homme est une sociologie de la démocratie et non l'inverse : la démocratie n'évolue dans sa quête d'égalité qu'à travers la mise en œuvre des règles de droit. Plus les

151. La nature des obligations des États parties (art. 2, par. 1, du Pacte) : 14/12/1990, CESCR observation générale 3 (General Comments).

règles de droit intègrent le corpus juridique, plus les individus disposent de moyens pour faire évoluer leurs prétentions et modifier progressivement la démocratie au point de voir cohabiter principe d'égalité et principe de non-discrimination. A l'inverse, s'il n'y avait pas eu le corpus juridique, il n'est pas certain que la démocratie contemporaine eût connu une telle mutation.

Le régime démocratique n'est en somme plus le même depuis que les individus peuvent se prévaloir des droits consacrés par la Convention.

La Convention n'ayant pas été conçue pour cela, c'est surtout la Charte sociale européenne qui définit les droits économiques, sociaux et culturels des individus. Si, comme l'illustre la jurisprudence française, la Charte sociale semble disposer d'un effet direct, ce texte n'en reste pas moins sensiblement différent du PIDESC.

La Charte sociale européenne

La Charte sociale européenne a été adoptée en 1961 afin de compléter la Convention européenne. Ce schéma s'inscrit ainsi dans la dichotomie apparente entre droits politiques et droits économiques, sociaux et culturels, la Convention européenne ayant pour objet les droits politiques et la Charte les autres droits. Sa révision en 1996 à la suite de la charte communautaire des droits sociaux fondamentaux adoptée en 1989 se veut une réponse à « *la nécessité, d'une part, de préserver le caractère indivisible de tous les droits de l'homme, qu'ils soient civils, politiques, économiques, sociaux ou culturels et, d'autre part, de donner à la Charte sociale européenne une nouvelle impulsion* ». On peut néanmoins relever les nuances rédactionnelles entre la Charte et le PIDESC afin de mesurer l'enjeu de l'effet direct apparemment reconnu par la jurisprudence française :

- la Charte utilise l'expression « *par tous les moyens utiles, sur les plans national et international* », ce qui caractérise une obligation de moyen différente de celle issue du PIDESC en vertu duquel les États s'engagent à *« à agir au maximum de leurs ressources disponibles »* pour atteindre les objectifs du Pacte – la référence aux ressources disponibles justifie une réflexion sur les choix budgétaires des États ;

- la Charte contient certes des dispositions particulièrement précises comme en matière de congés payés dont la durée est fixée à « *quatre semaines au minimum* » (Partie 2, art. 2.3) ; certes, le domaine couvert par la Charte est extrêmement large et couvre même les principes de la convention relative aux droits de l'enfant mais les conditions d'engagement aboutissent de jure à une application des dispositions au choix des États – « *chacune des parties s'engage... à se considérer comme liée par six au moins des neuf articles suivants de la partie II de la Charte : articles 1, 5, 6, 7, 12, 13, 16, 19 et 20 ; c. à se considérer comme liée par un nombre supplémentaire d'articles ou de paragraphes numérotés de la partie II de la Charte, qu'elle choisira, pourvu que 20 le nombre total des articles et des paragraphes numérotés qui la lient ne soit pas inférieur à seize articles ou à soixante-trois paragraphes numérotés* » ; c'est un droit sous option en dépit de l'affirmation préliminaire du caractère indivisible des droits de l'homme ;

- le mode de contrôle de la Charte sociale repose lui aussi sur une procédure non-juridictionnelle, contrairement à celle qui existe pour la Convention européenne de sauvegarde des droits de l'homme et des libertés fondamentales, ce qui continue de maintenir l'apparente et fausse distinction entre les droits de l'homme selon leur objet. Ce point mis à part, les conditions de saisine sont beaucoup plus restrictives pour aboutir in fine à des décisions qui n'ont pas de valeur contraignante. Seules sont recevables les plaintes collectives et non celles des individus à condition qu'elles soient portées soit par les partenaires sociaux européens, soit par des organisations internationales non-gouvernementales dotées du statut participatif auprès du Conseil de l'Europe, soit par les partenaires sociaux nationaux à condition que l'État l'accepte. Il n'est en revanche pas nécessaire d'alléguer d'un préjudice ni, comme l'exige le Protocole facultatif, d'avoir épuisé les voies de recours en droit interne.

En somme, la Charte, par sa longueur, présente l'avantage d'être plus précise que le PIDESC. Par exemple, là où le Pacte ne distingue comme catégories de personnes nécessitant une protection spéciale que les femmes et les enfants, la Charte la situation des étrangers, des travailleurs migrants, des personnes âgées et des personnes ayant un handicap physique ou mental. A l'identique en matière de droit au logement : consacré par le PIDESC à l'article 11, son contenu est précisé à l'article 31 de la Charte : « *En vue d'assurer l'exercice effectif du droit au logement, les Parties s'engagent à prendre des mesures destinées : 1. à favoriser l'accès au logement d'un niveau suffisant ; 2. à prévenir et à réduire l'état de sans-abri en vue de son élimination progressive ; 3. à rendre le coût du logement accessible aux personnes qui ne disposent pas de ressources suffisantes* ». Pourtant, le PIDESC complété par le Protocole facultatif conserve toute sa spécificité quant à la teneur de certains articles comme « *le droit fondamental qu'a toute personne d'être à l'abri de la faim* » (art.11) et de son mode de contrôle. Surtout, même si les États ont stipulé des réserves, celles-ci ne sauraient en aucune manière équivaloir avec le système de choix instauré par la Charte sociale.

Dans cette perspective, le débat relatif à l'applicabilité de la Charte en droit interne ne prend sens qu'en raison du fait que celle-ci contient des dispositions plus détaillées que le PIDESC, ce qui est supposé permettre un contrôle plus approfondi des juges en cas de contestation d'une disposition nationale. En ce domaine, comme à propos de l'applicabilité du Pacte, nous retrouvons une différence d'appréciation en France entre l'ordre administratif et l'ordre judiciaire. Pour le Conseil d'État, « *Eu égard notamment à la marge d'appréciation laissée aux États membres par l'article I de la partie V de la charte sociale européenne révisée, faite à Strasbourg le 3 mai 1996, pour prendre les mesures nécessaires à la mise en œuvre de ses stipulations, l'article 2 de la partie II de cette charte ne crée pas de droits dont les particuliers pourraient directement se prévaloir »*[152] hormis certains articles[153]. De son côté, la Cour de cassation a contourné la difficulté. Elle ne s'est pas référée expressément à la Charte mais à l'article 151 du Traité fondamental de l'Union européenne (cf annexe) pour justifier son appréciation de la conformité d'un acte aux principes énoncés par la Charte. Autrement dit, même dans un ordre juridique intégré comme l'Union européenne, les États rechignent à introduire des recours juridictionnels pour faciliter

---

152. C.E., 30 janvier 2015, union syndicale solidaire, n° 363520 ; rappr. CE, 4 juillet 2012 Confédération française pour la promotion sociale des aveugles, n° 341533 : « *Considérant, en cinquième lieu, que par l'article 15 de la charte sociale européenne révisée, signée à Strasbourg le 3 mai 1996, les États signataires s'engagent « à prendre les mesures nécessaires pour fournir aux personnes handicapées une orientation, une éducation et une formation professionnelle dans le cadre du droit commun chaque fois que possible », « à favoriser leur accès à l'emploi par toute mesure susceptible d'encourager les employeurs à embaucher et à maintenir en activité des personnes handicapées » et « à favoriser leur pleine intégration et participation à la vie sociale, notamment par des mesures (...) visant à surmonter des obstacles à la communication et à la mobilité » ; que ces stipulations, qui requièrent l'intervention d'actes complémentaires pour produire des effets à l'égard des particuliers, ont pour objet exclusif de régir les relations entre États ; que, par suite, l'association requérante ne peut utilement s'en prévaloir* ».

153. C.E., 10 février 2014, M. B c/Ministre du Commerce, de l'Artisanat et du Tourisme, n° 358992, « *Considérant, en second lieu, qu'aux termes de l'article 24 de la charte sociale européenne : « En vue d'assurer l'exercice effectif du droit à la protection en cas de licenciement, les Parties s'engagent à reconnaître : / a. le droit des travailleurs à ne pas être licenciés sans motif valable lié à leur aptitude ou conduite, ou fondé sur les nécessités de fonctionnement de l'entreprise, de l'établissement ou du service ; / b. le droit des travailleurs licenciés sans motif valable à une indemnité adéquate ou à une autre réparation appropriée. / À cette fin les Parties s'engagent à assurer qu'un travailleur qui estime avoir fait l'objet d'une mesure de licenciement sans motif valable ait un droit de recours contre cette mesure devant un organe impartial » ; que ces stipulations, dont l'objet n'est pas de régir exclusivement les relations entre les États et qui ne requièrent l'intervention d'aucun acte complémentaire pour produire des effets à l'égard des particuliers, peuvent être invoquées utilement par M. B.* »

l'exercice des droits économiques, sociaux et culturels des individus et les juges doivent user de circonvolutions pour pouvoir contrôler le respect de ses droits. Dès lors, si effectivement, les conventions internationales ratifiées dans le cadre de l'O.I.T. ou dans le prolongement de la Charte des droits de l'homme peuvent se substituer au Pacte, il n'en va pas de même pour les textes d'inspiration régionale adoptés au sein de l'Europe.

Spécificité et utilité du Pacte, force est néanmoins de constater que la justiciabilité des droits qu'il reconnaît reste encore largement sujet à débat. Et c'est justement en raison de ces débats que d'autres principes ont été récemment mis en avant pour faciliter le respect des droits économiques, sociaux et culturels des individus.

ANNEXE 6 :
Sur l'applicabilité en droit interne de la Charte sociale

Depuis 2011, la Chambre sociale de la Cour de cassation se réfère à l'article 151 du Traité fondamental de l'Union européenne afin de pouvoir apprécier la validité des conventions de forfait.

Que nous dit cet article 151 du TFUE ?

> *L'Union et les États membres, conscients des droits sociaux fondamentaux, tels que ceux énoncés dans la Charte sociale européenne signée à Turin le 18 octobre 1961 et dans la Charte communautaire des droits sociaux fondamentaux des travailleurs de 1989, ont pour objectifs la promotion de l'emploi, l'amélioration des conditions de vie et de travail, permettant leur égalisation dans le progrès, une protection sociale adéquate, le dialogue social, le développement des ressources humaines permettant un niveau d'emploi élevé et durable et la lutte contre les exclusions.*

À cette fin, l'Union et les États membres mettent en oeuvre des mesures qui tiennent compte de la diversité des pratiques nationales, en particulier dans le domaine des relations conventionnelles, ainsi que de la nécessité de maintenir la compétitivité de l'économie de l'Union.

Ils estiment qu'une telle évolution résultera tant du fonctionnement du marché intérieur, qui favorisera l'harmonisation des systèmes sociaux, que des procédures prévues par les traités et du rapprochement des dispositions législatives, réglementaires et administratives.

Par le biais de l'article 151, les juges éludent la question de l'applicabilité de la Charte sociale en droit interne. Ils confrontent les accords de branche ou d'entreprise aux exigences de la Charte sous prétexte que le Traité européen prime sur le droit interne.

Il est donc ainsi possible de disposer d'une appréciation substantielle de ce qui est négocié par les partenaires sociaux indépendamment de la supposée primauté de l'accord d'entreprise. En somme, les individus peuvent toujours contester l'accord s'ils estiment qu'il engendre une détérioration de leurs conditions de vie ou de travail.

Dans ce cadre, nous ne comprenons toujours pas pourquoi ni comment ceux qui prétendent réformer le droit du travail ignorent délibérément le cadre européen dans lequel nous agissons. Ou alors, ils sont indirectement partisans d'une sortie de la France de l'Union européenne. Cette contradiction est au coeur de l'ambiguïté politique des programmes politiques de droite comme de gauche.

Sauf à croire que ceux qui s'évertuent à vanter le modèle de l'entreprise prient tous les jours pour que la Cour de cassation effectue un revirement de jurisprudence. Soyons clair : hypothèse peu probable.

2) Les autres principes

Et si, finalement, il n'était pas possible pour les juges de se prononcer sur l'effectivité des droits de l'homme ? La question pour provocante qu'elle puisse paraître n'en reste pas moins lancinante au cours de ces cinquante dernières années. La multiplication des textes donne l'impression que les États sont finalement incapables de respecter principes fondateurs posés par la Déclaration universelle des droits de l'homme ; les difficultés que rencontrent les juges sont à l'image de la tension qui structure une argumentation fondée sur les droits de l'homme : c'est du droit teinté de politique, ce qui déplace en permanence le champ de l'argumentation au point d'aboutir in fine à une critique virulente de l'institution judiciaire. A cela s'ajoutent les complications que posent en permanence aujourd'hui les situations d'extraterritorialité quant à la possibilité de soumettre les entreprises multinationales aux règles posées par le PIDESC.

Devant ces difficultés, devant, également, il faut le rappeler une déficience des modes de contrôle du PIDESC, se sont développées, en parallèle, d'autres règles qui s'inscrivent dans une autre logique. Ces règles se réfèrent à l'idée de soft law, à l'idée que schématiquement, le respect des droits de l'homme interviendra progressivement par le biais d'une soumission progressive et volontaire des acteurs. Cette notion s'oppose à celle d'hard law, c'est-à-dire à une application plus stricte et immédiate des règles en raison de leur nature[154]. Les droits de l'homme passeraient ainsi ou du moins connaîtraient un double traitement selon la logique dans laquelle ils s'insèrent. L'évolution n'est pas spécifique aux droits économiques, sociaux et culturels. Par exemple, les États tentent de réguler l'invocation par les justiciables des droits civils et politiques par le biais de procédures non-contentieuses dénommées

154. N. Cuzacq, *Le cadre normatif de la RSE, entre soft law et hard law,* 2012, https://halshs.archives-ouvertes.fr/hal-00881860/document

accommodements raisonnables[155]. Dans un cas comme dans l'autre, les modes d'appréciation des atteintes aux droits changent ; dans le cas des droits économiques, sociaux et culturels, les entreprises deviennent des acteurs centraux de leur promotion. Il s'agit donc de rendre compte ici de cette évolution en matière de droits économiques, sociaux et culturels à travers deux initiatives émanant des Nations Unies, le Pacte mondial (1) et les Principes directeurs relatifs aux entreprises et aux droits de l'homme ou principes John Ruggie (2).

1) Le Pacte mondial

Le Pacte mondial ou Global compact a été adopté en 2000 à la suite d'une initiative du Secrétaire des Nations Unies. Contrairement au PIDESC et au PIDCP, le Pacte n'est pas destiné aux États mais aux entreprises considérées comme « *le moteur essentiel dans le cadre de la mondialisation* »[156]. D'un côté, on peut rattacher cette démarche au PIDESC qui énonce comme premier droit de l'homme le droit au travail ; de l'autre, c'est une véritable rupture conceptuelle : des acteurs privés deviennent les vecteurs de l'idéal fixé par la Déclaration universelle sans distinguer au passage selon la nature des droits de l'homme.

Voici en effet la liste des principes que les entreprises s'engagent à respecter en devenant signataires du Pacte mondial :

Droits de l'homme

1. Les entreprises sont invitées à promouvoir et à respecter la protection du droit international relatif aux droits de l'homme ;

---

155. Pour une présentation schématique :
http://www.cdpdj.qc.ca/Publications/DPT_AR-demandes.pdf

156. Présentation du Pacte mondial :
https://www.unido.org/fileadmin/media/documents/pdf/Procurement/Global_Compact/GC_Brochure_French.PDF

2. À veiller à ne pas se rendre complices de violations des droits de l'homme

Normes internationales du travail

3. Les entreprises sont invitées à respecter la liberté d'association et à reconnaître le droit de négociation collective ;

4. À contribuer à l'élimination de toutes les formes de travail forcé ou obligatoire ;

5. À contribuer à l'abolition effective du travail des enfants ;

6. À contribuer à l'élimination de toute discrimination en matière d'emploi et de profession

Environnement

7. Les entreprises sont invitées à appliquer l'approche de précaution face aux problèmes touchant à l'environnement

8. À prendre des initiatives tendant à promouvoir une plus grande responsabilité en matière d'environnement

9. À favoriser la mise au point et la diffusion de technologies respectueuses de l'environnement

Lutte contre la corruption

10. Les entreprises sont invitées à agir contre la corruption sous toutes ses formes, y compris l'extorsion de fonds et les pots-de-vin.

La démarche repose sur la volonté des entreprises d'adhérer aux principes posés par le Pacte mondial qui s'engagent ainsi en la personne de leur dirigeant à toute une série d'obligations ayant pour finalité d'améliorer le respect des droits des individus. Au titre des principes, on notera l'importance de la lutte contre la corruption, c'est-à-dire l'obligation pour les entreprises de modifier les relations qu'elles entretiennent avec les États. En parallèle, et dans la même perspective, il est devenu fréquent d'utiliser l'expression Responsabilité sociale ou sociétale des entreprises pour décrire le comportement des entreprises supposé tenir compte de toutes les parties prenantes, c'est-à-dire salariés, consommateurs, fournisseurs et non uniquement de l'intérêt des associés.

Mutation majeure des règles que reflète la terminologie qui distingue à présent la soft law de la hard law. Cette mutation trouve dans la notion de compliance, c'est-à-dire dans l'engagement de conformité des entreprises avec le cadre juridique dans lequel elles évoluent, son aboutissement. Et au titre de ce cadre juridique, il y a les droits de l'homme. Dans cette approche, schématiquement, l'entreprise montre que son action est conforme à la réglementation et justifie de cette manière pourquoi il n'est pas possible de lui imputer une quelconque faute. La logique de compliance cherche de cette manière à se substituer au contentieux et conforte la tendance précédemment identifiée à la déjudiciarisation. En même temps, cette évolution soulève deux types de questions. Une question générale d'abord : le changement du statut des textes relatifs aux droits de l'homme ne participe-t-il pas d'une forme de dévaluation ? Pour le dire autrement, les normes en matière de droits de l'homme passeraient de normes d'appréciation des comportements à des normes qui seraient équivalentes aux autres règles que doit respecter l'entreprise[157]. A titre d'illustration, sont ici reproduites les mentions du Global Reporting Initiative en matière de droit du travail définies à la suite de l'adoption du Pacte mondial : « *Description de la politique en matière de liberté syndicale en précisant dans quelle mesure cette politique est universellement appliquée indépendamment de la législation locale ; description des procédures/programmes destinés à traiter cette question. Pourcentage d'employés représentés par des organisations syndicales indépendantes ou d'autres représentants légitimes du personnel, avec répartition par zones géographiques ou pourcentage d'employés*

157. Pour une synthèse un peu ancienne mais intéressante, E. Mazuyer, *L'application des principes du travail du Pacte mondial des Nations Unies par les entreprises françaises*, [Rapport de recherche] CNRS. 2009, https://halshs.archives-ouvertes.fr/halshs-01068318/document

couverts par des conventions collectives, par région/pays ». Les droits de l'homme deviennent objet de rapports annexés aux comptes des entreprises.

Une question plus particulière : l'émergence de cette soft law et de cette logique de compliance est trop récente pour éluder le problème classique de l'effet direct de cet engagement des entreprises. De la même manière en effet que l'on s'est interrogé sur la possibilité pour les justiciables de se prévaloir des dispositions du PIDESC ou des conventions internationales, il faut se demander si les engagements unilatéraux des entreprises peuvent finalement servir aux individus pour promouvoir le respect de leurs droits. On se souviendra néanmoins à travers le cas Vinci précédemment cité que le droit pénal peut venir, paradoxalement, protéger les manquements de l'entreprise à ses engagements.

S'agissant du Pacte mondial, il n'y a pas encore de vrai courant jurisprudentiel qui permettrait de dégager une interprétation d'ensemble sur la justiciabilité du Pacte. Cela prouve encore une fois que la pénétration d'un ordre juridique par un nouveau corps de règles est un processus lent. Seule une décision de la Cour d'appel de Versailles s'est expressément prononcée sur ce point dans un contexte un peu particulier : « *le Pacte Mondial, comme les codes d'éthique, expriment des valeurs que les sociétés souhaitent voir appliquer par leur personnel dans le cadre de leurs activités pour l'entreprise. Cadres de référence, ils ne contiennent que des recommandations et des règles de conduite sans créer d'obligations ni d'engagements au bénéfice de tiers pouvant en solliciter le respect. Aussi l'appelante ne peut se prévaloir d'un non-respect du Pacte Mondial ou des normes de comportements inscrites dans les codes d'éthiques pour prétendre qu'il y a eu faute par violation du droit international par les sociétés Alstom, Alstom Transport et Veolia Transport* »[158] (c'est nous qui soulignons). A contrario, il reviendrait alors de distinguer les tiers des parties, c'est-à-dire les salariés et les

158. CA Versailles – 22 mars 2013 – n° 11/05331.

consommateurs. Le Pacte mondial ne permettrait donc pas, par exemple, à une association de défense des droits de l'homme d'agir en responsabilité délictuelle en raison des manquements de l'entreprise à ses engagements ; il pourrait en revanche servir à des salariés pour appuyer leurs revendications ou à des consommateurs à partir du moment où ils contractent avec l'entreprise signataire. Nous signalerons néanmoins que pour les salariés comme pour les consommateurs se posera la question de l'autonomie de la personne morale avec laquelle ils ont contracté. Faute de pouvoir percer cet écran, il n'est pas certain que le moyen de droit soit recevable.

A travers la recherche d'un meilleur respect des droits économiques, sociaux et culturels, nous assistons à une profonde recomposition du droit positif dont il est pour l'heure difficile de prédire les résultats en matière d'amélioration de la situation des individus.

Il n'en va pas différemment à propos des principes John Ruggie.

2) Les Principes directeurs relatifs aux entreprises et aux droits de l'homme ou Principes John Ruggie

Les Principes directeurs relatifs aux entreprises et aux droits de l'homme ont été définis dans le cadre du Conseil des droits de l'homme des Nations Unies. Créé en 2006, cet organe a pour mission de constater les atteintes aux droits de l'homme et de formuler des recommandations. Il a dès sa création privilégié une conception large de sa mission en englobant indistinctement les droits politiques et les droits économiques, sociaux et culturels et tend à devenir une instance concurrente des autres institutions onusiennes liées à l'application des pactes internationaux. Il est en effet possible pour les individus ou les organisations de porter à l'attention du Conseil, tout ensemble de violations flagrantes et attestées par des éléments dignes de foi, de tous les droits de l'Homme et de toutes les libertés fondamentales. Dans cette perspective, les Principes directeurs relatifs aux entreprises et aux droits de l'homme rédigés sous l'égide du professeur John Ruggie se veulent un instrument supplémentaire et déterminant pour renforcer le respect des droits de l'homme.

Pour reprendre la présentation officielle, la décision d'adopter ces principes « *a marqué une étape importante dans le débat qui, depuis des décennies, portait sur la façon dont les droits de l'homme s'appliquent au monde de l'entreprise. Les Principes directeurs devenaient ainsi, à l'échelle mondiale, le premier cadre officiel valable pour les États comme pour les entreprises pour aborder l'effet des entreprises sur tous les droits de l'homme et ils apportaient des éclaircissements sur les devoirs et responsabilités des uns et des autres en ce qui concerne les risques que les activités des entreprises présentent pour les droits de l'homme* »[159]. Se dessine ici une nouvelle perspective dont il convient de préciser les contours.

Les principes reposent sur l'idée suivante : le respect des droits de l'homme implique tout à la fois un engagement des États, des entreprises et la possibilité pour les victimes d'obtenir plus facilement des indemnisations en cas d'atteinte aux droits de l'homme – ce que le texte Ruggie dénomme les trois piliers. Au titre des principes, on trouve ainsi la consécration d'une obligation pour les entreprises de respecter les droits de l'homme[160], c'est-à-dire la Déclaration universelle de 1948 et les pactes relatifs aux différents

---

159. Questions courantes relatives aux principes directeurs relatifs aux entreprises et aux droits de l'homme, Publications des Nations Unies, 2014, http://www.ohchr.org/Documents/Publications/FAQ_PrinciplesBussinessHR_FR.pdf

160. Point 15 des principes : *Afin de s'acquitter de leur responsabilité en matière de respect des droits de l'homme, les entreprises doivent avoir en place des politiques et des procédures en rapport avec leur taille et leurs particularités, y compris :*

a) L'engagement politique de s'acquitter de leur responsabilité en matière de respect des droits de l'homme ;

droits civils, politiques et culturels adoptés dans son prolongement en 1966.

Nous soulignerons toutefois que les principes Ruggie ne contiennent pas de liste de droits à respecter. Par exemple, ils ne se prononcent pas expressément sur l'interdiction du travail des enfants qu'ils se contentent d'évoquer en termes généraux. Il ne faut en effet pas se méprendre : nous sommes en présence de l'affirmation de principes qui, de façon explicite, remodèle la portée des obligations de protéger, respecter et mettre en œuvre les droits de l'homme dégagées à partir de l'interprétation des pactes internationaux à charge des États signataires.

> *« Le cadre de référence repose sur trois piliers. Premièrement, l'obligation de protéger incombant à l'État lorsque des tiers, y compris des entreprises, portent atteinte aux droits de l'homme, ce qui suppose des politiques, des règles et des recours appropriés. Deuxièmement, la responsabilité des entreprises de respecter les droits de l'homme, autrement dit de faire preuve de diligence raisonnable pour s'assurer de ne pas porter atteinte aux droits d'autrui et de parer aux incidences négatives dans lesquelles elles ont une part. Troisièmement, la nécessité d'un accès plus effectif à des mesures de réparation, tant judiciaires que non judiciaires. Chaque pilier est une composante essentielle d'un système interdépendant et dynamique de mesures de prévention et de réparation : l'obligation de protéger incombant à l'État car c'est le cœur même du régime international des droits de l'homme ; la responsabilité des entreprises de respecter les droits de l'homme car la société attend d'elles au minimum qu'elles les respectent ; et l'accès à des mesures de réparation parce que même les efforts les plus*

---

b) Une procédure de diligence raisonnable en matière de droits de l'homme pour identifier leurs incidences sur les droits de l'homme, prévenir ces incidences et en atténuer les effets, et rendre compte de la manière dont elles y remédient ;

concertés ne peuvent pas prévenir toutes les pratiques abusives ».

Nous passons ainsi de l'idée de mise en œuvre des droits issue des Pactes et incombant aux États à la définition d'une obligation de réparation commune aux États et aux entreprises, la responsabilité des entreprises étant indépendante des actions de l'État. Mais nous restons dans l'optique d'un renouvellement profond des règles. Par une sorte de jeux de miroirs, là où dans la logique R.S.E. est mise en avant la notion de « *responsabilité holistique* », les Principes Ruggie visent l'instauration d'un « *système interdépendant et dynamique* » ; là où dans la logique R.S.E. la compliance se veut une alternative au contentieux, les Principes Ruggie mettent sur le même plan l'obligation d'instaurer des mesures de réparation tant judiciaires que non-judiciaires. La multiplication des normes, contrairement aux époques passées, se double d'une multiplication des voies de droit, les recours pouvant évoluer de façon parallèle, privilège étant néanmoins accordé aux modes non-contentieux.

Compte tenu de sa nouveauté, la portée des principes Ruggie est difficile à apprécier. En l'état actuel, nous disposons d'un texte – les principes – dont les auteurs sont parfaitement conscients de sa faible valeur normative[161]. Il faut cependant se rendre à l'évidence : la référence aux droits de l'homme dispose par nature d'une force normative qui transcende la problématique classique de la nécessaire transposition du texte pour lui donner valeur positive. Dès 2008, le Parlement européen estimait nécessaire de s'intéresser aux travaux menés par John Ruggie[162]. C'est donc très logiquement que les principes sont intégrés dès 2011 dans les références du

161. Principes, p. 5 : *À quoi servent ces Principes directeurs ? Et comment faut-il les interpréter ? Le fait que le Conseil les approuve ne résoudra pas en soi la problématique des entreprises et des droits de l'homme. Mais cela marquera la fin d'une première étape, celle de l'établissement d'un programme d'action mondial qui permettra progressivement d'enchaîner les progrès sans exclure la moindre évolution prometteuse qui pourrait se dessiner à plus long terme.*

Conseil économique et social européen - *La responsabilité sociale des entreprises (RSE) doit être pratiquée à l'échelle internationale sur la base des déclarations de l'OIT, des principes directeurs de l'OCDE et d'autres instruments internationaux largement reconnus [24]*, le texte renvoyant en note expressément aux principes Ruggie[163]. Les textes émanant des institutions révèlent ainsi un mode de réception des normes qui, in fine, leur confère une portée normative.

En résumé, pour apprécier la portée de la référence de plus en plus fréquente aux droits de l'homme, il n'est plus possible se contenter d'une simple analyse de la hiérarchie des normes. Celle-ci continue de jouer un rôle cardinal dans une logique contentieuse ; elle est aujourd'hui cependant insuffisante pour rendre compte de la dynamique interprétative issue des engagements unilatéraux des entreprises comme le Pacte mondial des Nations Unies ou de normes qui dépassent la distinction entre entreprises privées et État.

Dans ce contexte dont il est difficile de mesurer l'impact sur l'amélioration des droits des individus, on retiendra que « *le droit fondamental qu'a toute personne d'être à l'abri de la faim* » énoncé à l'article 11 du PIDESC est singulièrement absent de toutes ces nouvelles normes.

---

162. Résolution du Parlement européen du 26 avril 2007 sur le rapport annuel sur les Droits de l'homme dans le monde 2006 et la politique de l'UE à cet égard (2007/2020(INI)), Journal Officiel du 20 mars 2008 - Numéro C 74E - Page 753.

163. Avis du Comité économique et social européen sur la "Communication de la Commission au Parlement européen, au Conseil, au Comité économique et social européen et au Comité des régions : *Une politique industrielle intégrée à l'ère de la mondialisation. Mettre la compétitivité et la durabilité au centre*" COM(2010) 614 final, Journal Officiel du 23 juillet 2011 - Numéro C 218 - Page 38.
http://eur-lex.europa.eu/legal-content/FR/TXT/PDF/?uri=CELEX:52010DC0614&from=fr

ANNEXE 7 : La Responsabilité Sociale des Entreprises, renforcement ou affaiblissement des droits des salariés ?

On nous apprend que les entreprises ont une âme, ce qui est bien la nouvelle la plus terrifiante du monde[164].

L'utilisation d'acronymes lors d'un discours ou d'une conversation présuppose que les individus qui en sont les destinataires disposent de références communes. Convention de langage, la réduction d'une expression composée de plusieurs mots à un sigle qui peut ensuite faire office d'acronyme est une manifestation de son imprégnation dans la culture commune. La communication s'en trouve simplifiée. La linguistique juridique n'échappe pas à ce processus. Il serait par exemple difficile d'imaginer un cours en droit du travail durant lequel l'enseignant s'évertuerait à parler systématiquement de contrat à durée indéterminée plutôt que de

164. G. Deleuze, *Post-scriptum sur les sociétés de contrôle*, L 'autre journal, n°1, mai 1990, disponible sur http://1libertaire.free.fr/DeleuzePostScriptum.html

C.D.I. ou de contrat à durée déterminée plutôt que de C.D.D.. De même, il est fréquent dans le langage courant de se référer à ces acronymes sans en détailler le contenu. L'acronyme a ainsi généralement pour particularité de s'inscrire dans un « *réseau* »[165] qui, contrairement au vocabulaire juridique identifié par le doyen Cornu dépasse de loin le champ des seuls initiés.

Encore faut-il distinguer la logique qui sous-tend la formation et l'acception d'un acronyme en droit. La siglaison qui conduit à l'acronyme s'effectue à partir d'une catégorie préalablement définie par le législateur ; sa diffusion dépend de sa réception par le corps social. Lorsqu'à l'inverse, les mots auxquels le sigle se réfère ne sont pas expressément définis dans un texte officiel, l'emploi de l'acronyme est source d'asymétrie et d'incompréhension : chacun peut finalement l'interpréter selon ses intérêts, phénomène récurrent à notre époque qui touche, comme nous l'avons vu, même les textes en matière de droits de l'homme.

Dans ce cadre, l'acronyme R.S.E. a beau être présent dans le discours juridique et employé dans le discours de communication des entreprises, il couvre des acceptions différentes selon les textes ou les institutions qui l'emploient. Si, par exemple pour la Commission européenne, la lettre R. renvoie systématiquement au terme responsabilité, elle se garde de bien d'en préciser les modalités de mise en œuvre. Responsabilité civile ou pénale ? La Commission privilégie une « *responsabilité holistique* »[166] qu'elle ne définit pas. La lettre S. oscille, quant à elle, entre le social et le sociétal : l'article 225-102-1 du Code de commerce parle de responsabilité sociétale des entreprises ; le décret n° 2012-557 du 24 avril 2012 relatif aux obligations de transparence des entreprises en matière sociale et environnementale utilise l'expression « *responsabilité sociale* ». Les documents officiels du gouvernement

165. G. Cornu, *Linguistique juridique*, L.G.D.J., 2005, p. 205.
166. Commission des Communautés européennes, Livre Vert, *Promouvoir un cadre européen pour la responsabilité sociale des entreprises*, 2001, p. 16.

français tendent à privilégier le terme sociétal[167]. Quant à la lettre E, généralement, elle renvoie au mot entreprise, ce qui est pratiquement dénué de consistance juridique puisqu'hormis l'entreprise individuelle, soit une situation non-couverte par les principes R.S.E, l'entreprise ne dispose pas de patrimoine autonome. Cette lettre E peut aussi être comprise comme l'initiale du mot environnementale lorsque le topo sur la responsabilité sociale s'insère dans la dynamique plus large du développement durable. Dans un cas comme dans l'autre, entreprise ou environnement, cette lettre ne renseigne en rien sur un éventuel patrimoine susceptible de supporter les conséquences financières d'une action en responsabilité. Autrement dit, l'acronyme R.S.E. est triplement ambigu : quant à la nature de la responsabilité qu'il promeut ; quant à son champ d'application, la possible substitution du terme sociétal à celui de social visant à dissocier la R.S.E. du droit social ; quant au sujet concerné : l'entreprise en tant qu'entité clairement identifiée ou l'environnement en tant que lieu dans lequel s'insère l'activité économique.

La norme ISO 26000 intitulée « *lignes directrices relatives à la responsabilité sociétale* » synthétise ces divergences de sens en s'inscrivant elle aussi dans une démarche « *holistique* » au sein de laquelle se confondent notamment les droits de l'homme, les relations et les conditions de travail, les questions relatives aux consommateurs ainsi que les préoccupations environnementales. Si ce décentrement du social vers le sociétal inclut de façon constante dès 2001 au titre des paramètres de la R.S.E. les conditions de travail, il n'est, sauf erreur de notre part, pas fait mention au sein des différents textes relatifs à cette forme de responsabilité d'une quelconque prise en compte des plans sociaux qui peuvent être mis

167. Document préparatoire au plan national français de développement de la Responsabilité sociétale des entreprises (RSE), 2013 : http://www.developpement-durable.gouv.fr/IMG/pdf/Document_preparatoire_Plan_RSE_francais_janvier_2013-3.pdf

en place au sein d'une société. Le licenciement pour motif économique dont les causes ont été élargies par la réforme du droit du travail d'août 2016 échappe ainsi par principe à la logique R.S.E..

Même une politique volontariste, soit le fondement même des principes R.S.E. en tant que droit souple distinct en cela de la réglementation en vigueur, n'engage finalement à rien. C'est du moins l'interprétation radicale que suggère la jurisprudence de la Chambre sociale à propos d'un plan de sauvegarde de l'emploi mis en œuvre par une société de moins de cinquante salariés et qui donc n'était tenue par aucune obligation en la matière : « « *le plan de sauvegarde de l'emploi » volontairement mis en place par l'employeur n'a(vait) pas à satisfaire aux exigences des articles L. 1233-61 et L. 1233-62 du Code du travail »*[168] (les guillemets qui encadrent l'expression de plan de sauvegarde de l'emploi sont présentes dans la rédaction de l'arrêt). D'un côté, la solution est d'une logique imparable : puisque l'entreprise n'est pas obligée de définir un plan de sauvegarde de l'emploi, la soumettre aux dispositions législatives relatives au P.S.E. aboutirait à dissuader les démarches volontaristes des employeurs. De l'autre, elle permet de mesurer les limites des procédures incitatives et des déclarations d'intention propres à la mise en œuvre des principes R.S.E. : l'engagement de l'employeur ne vaut que pour celui qui y croit et non pour celui qui le formule[169].

Ineffective lors de sa mise en œuvre volontaire, la mise en œuvre des principes R.S.E. est en plus de façon particulière limitée par le principe d'autonomie des personnes morales. Les salariés travaillent pour une société qui met en œuvre les choix de la société mère. Celle-ci ne manque pas d'afficher des objectifs de responsabilité sociale. Pour autant, la « *responsabilité holistique* » prônée par la R.S.E. ne saurait justifier systématiquement que la société mère

---

168. Cass. soc., 10 juin 2015, n° 14-10.031 à n° 14-10.038, FS-P+B, M. A. et a. c/ M. de C. et a. : JurisData n° 2015-013673

169. Plus nuancé, G. Marain, *La juridicisation de la responsabilité sociétale des entreprises*, Th. Dauphine, 2014.

assume les conséquences financières du comportement de ses filiales en raison d'une situation de co-emploi. Pour reprendre la motivation de la Cour de cassation, « *hors l'existence d'un lien de subordination, une société faisant partie d'un groupe ne peut être considérée comme un co-employeur à l'égard du personnel employé par une autre, que s'il existe entre elles, au-delà de la nécessaire coordination des actions économiques entre les sociétés appartenant à un même groupe et de l'état de domination économique que cette appartenance peut engendrer, une confusion d'intérêts, d'activités et de direction se manifestant par une immixtion dans la gestion économique et sociale de cette dernière* »[170]. Ces critères sont très proches de ceux de la fictivité en droit des sociétés dont la démonstration permet en cas de poursuite des créanciers d'une société en redressement judiciaire d'aboutir à une confusion de patrimoines. Bref, les salariés, parties prenantes de l'entreprise socialement responsable, se heurtent à l'écran de la personne morale, ce qui ne peut que fonder une action en responsabilité délictuelle contre la société mère[171] – ou comment la partie prenante devient juridiquement un tiers dont la charge de la preuve de la faute est accrue et la possibilité de démontrer un préjudice réduite. La R.S.E. crée non seulement une situation au sein de laquelle la partie ne se confond pas avec le tout mais aussi une situation inédite où les mots subvertissent les catégories juridiques les mieux établies comme celles de parties et de tiers dans une situation contractuelle.

Le principe de réalité trouve donc dans le droit positif toute une série d'arguments qui foncièrement conforte la dimension managériale sur l'approche juridique de la R.S.E.

Une loi a introduit en droit positif un devoir de vigilance[172]. C'est un peu comme si le droit social basculait vers le droit des sociétés au fur et mesure que l'adjectif sociétal se substituait à celui de

---

170. Cass. soc., 24 juin 2014, n° 10-19.776 : JurisData n° 2014-014251.
171. Cass. soc., 8 juill. 2014, n° 13-15.573 : JurisData n° 2014-016033.

social : l'identification d'une situation de co-emploi revient à démontrer pratiquement l'existence d'une société fictive ; la loi a inséré un nouvel article dans le Code de commerce et non dans le Code du travail ; le salarié ne devient finalement partie prenante de l'entreprise que lorsqu'il en détient des titres. Si devoir de vigilance il y a, son champ d'application est en outre limité aux entreprises de plus de cinq mille salariés travail alors que les principes R.S.E. sont

---

172. Article L. 225-102-4 dans le Code de commerce – I. – *Toute société qui emploie, à la clôture de deux exercices consécutifs, au moins cinq mille salariés en son sein et dans ses filiales directes ou indirectes dont le siège social est fixé sur le territoire français, ou au moins dix mille salariés en son sein et dans ses filiales directes ou indirectes dont le siège social est fixé sur le territoire français ou à l'étranger, établit et met en œuvre de manière effective un plan de vigilance.*

« Les filiales ou sociétés contrôlées qui dépassent les seuils mentionnés au premier alinéa sont réputées satisfaire aux obligations prévues au présent article dès lors que la société qui les contrôle, au sens de l'article L. 233-3, établit et met en œuvre un plan de vigilance relatif à l'activité de la société et de l'ensemble des filiales ou sociétés qu'elle contrôle.

« Le plan comporte les mesures de vigilance raisonnable propres à identifier les risques et à prévenir les atteintes graves envers les droits humains et les libertés fondamentales, la santé et la sécurité des personnes ainsi que l'environnement, résultant des activités de la société et de celles des sociétés qu'elle contrôle au sens du II de l'article L. 233-16, directement ou indirectement, ainsi que des activités des sous-traitants ou fournisseurs avec lesquels est entretenue une relation commerciale établie, lorsque ces activités sont rattachées à cette relation.

« Le plan a vocation à être élaboré en association avec les parties prenantes de la société, le cas échéant dans le cadre d'initiatives pluripartites au sein de filières ou à l'échelle territoriale. Il comprend les mesures suivantes :

« 1° Une cartographie des risques destinée à leur identification, leur analyse et leur hiérarchisation ;

« 2° Des procédures d'évaluation régulière de la situation des filiales, des sous-traitants ou fournisseurs avec lesquels est entretenue une relation commerciale établie, au regard de la cartographie des risques ;

« 3° Des actions adaptées d'atténuation des risques ou de prévention des atteintes graves ;

sensés également valoir pour les petites et moyennes entreprises[173]. Et la responsabilité n'intervient qu'en cas de manquement aux sociétés concernées à leur obligation d'établir un plan de vigilance étant entendu qu'au nom des droits de l'homme, le Conseil constitutionnel a invalidé le principe que la non-publication de ce plan entraînerait le prononcé d'une amende[174].

Le texte tel que présenté veut donner une consistance à une antienne des principes R.S.E. : le renforcement de la protection des droits de l'homme. Et l'on constate alors que les principes R.S.E. réussissent à dissocier la protection des droits de l'homme de celle des salariés. Finalement, le salarié n'est protégé qu'en sa qualité de consommateur compte tenu de la possibilité dont il dispose de porter plainte pour pratiques trompeuses lorsque l'entreprise se prévaut par exemple faussement d'un code de conduite[175]. Enfin,

---

« 4° Un mécanisme d'alerte et de recueil des signalements relatifs à l'existence ou à la réalisation des risques, établi en concertation avec les organisations syndicales représentatives dans ladite société ;

« 5° Un dispositif de suivi des mesures mises en œuvre et d'évaluation de leur efficacité.

« Le plan de vigilance et le compte rendu de sa mise en œuvre effective sont rendus publics et inclus dans le rapport mentionné à l'article L. 225-102.

« Un décret en Conseil d'État peut compléter les mesures de vigilance prévues aux 1° à 5° du présent article. Il peut préciser les modalités d'élaboration et de mise en œuvre du plan de vigilance, le cas échéant dans le cadre d'initiatives pluripartites au sein de filières ou à l'échelle territoriale.

173. Rapport de la mission confiée à S. de Menthon, sept. 2011 : http://travail-emploi.gouv.fr/IMG/pdf/Rapport_final_RSE.pdf

174. Décision n° 2017-750 DC du 23 mars 2017

175. Article 121-1 du Code de la consommation : *Sont réputées trompeuses au sens de l'article L. 121-1 les pratiques commerciales qui ont pour objet :*

1° Pour un professionnel, de se prétendre signataire d'un code de conduite alors qu'il ne l'est pas ;

2° D'afficher un certificat, un label de qualité ou un équivalent sans avoir obtenu l'autorisation nécessaire ;

3° D'affirmer qu'un code de conduite a reçu l'approbation d'un organisme public ou privé alors que ce n'est pas le cas ;

ironie du sort ; chaque fois qu'une entreprise soumise à ce devoir passera une provision pour anticiper une éventuelle condamnation judiciaire, elle réduira d'autant le bénéfice imposable et, par là-même, la participation des salariés. Le texte, en l'état n'a donc pas vocation à intégrer dans les principes R.S.E. l'objectif de sauvegarde de l'emploi et peut aboutir à une détérioration des conditions de travail. Non seulement le salarié ne peut prétendre à la sauvegarde de son emploi mais même la sauvegarde de son dividende est compromis.

La R.S.E. réussit ainsi à revaloriser l'autorité et l'ordre en se targuant d'une pseudo-légitimité construite par la publication de rapports dont les affirmations peuvent difficilement être contredites. Par exemple, les tenants d'une conception hiérarchisée de l'entreprise n'hésitent pas à se prévaloir de la liberté d'entreprendre dès qu'un risque financier pèse sur cette même entreprise. Et ils trouvent dans le Conseil constitutionnel un fervent soutien – « *l'obligation faite à certaines sociétés de rendre publics des indicateurs économiques et fiscaux correspondant à leur activité pays par pays, est de nature à permettre à l'ensemble des opérateurs qui interviennent sur les marchés où s'exercent ces activités, et en particulier à leurs concurrents, d'identifier des éléments essentiels de leur stratégie industrielle et commerciale. Une telle obligation porte dès lors à la liberté d'entreprendre une atteinte manifestement disproportionnée au regard de l'objectif poursuivi. Par conséquent, sans qu'il soit besoin d'examiner l'autre grief, le paragraphe I de l'article 137 de la loi déférée est contraire à la Constitution. Il en va de même du reste de cet article, qui en est inséparable* » [176]. La R.S.E. fait ici figure de

---

4° D'affirmer qu'un professionnel, y compris à travers ses pratiques commerciales, ou qu'un produit ou service a été agréé, approuvé ou autorisé par un organisme public ou privé alors que ce n'est pas le cas, ou de ne pas respecter les conditions de l'agrément, de l'approbation ou de l'autorisation reçue ;

176. Décision n° 2016-741 DC du 8 décembre 2016, Loi relative à la transparence, à la lutte contre la corruption et à la modernisation de la vie économique.

paternalisme new look au sein duquel la figure du père est apparemment nulle part pour mieux s'affirmer partout. Le hiatus entre discours et réalité peut en somme perdurer tant que le droit positif reste dans un entre-deux où le discours holiste cohabite avec le droit individualiste. Vu sous cet angle, la R.S.E. révèle sa vraie nature : une expression radicale d'une tendance régressive du droit contemporain : rendre les recours en justice inopérants.

CHAPITRE V :
Le cas français : de la société du litige à la société du différend

La réception en France du PIDESC comme du Protocole facultatif a déjà été évoquée à plusieurs reprises. Sans prétendre être un exemple type, elle permet d'une part de rendre compte de la difficulté pour les justiciables de se prévaloir des dispositions du Pacte (1) et d'autre part, de la manière dont le Comité des droits économiques et sociaux analyse formule des recommandations à l'égard d'un pays (2). Elle illustre de manière plus profonde, à travers la prégnance du droit pénal dans l'ensemble du contentieux et, plus particulièrement encore en droit du travail en matière de discrimination, le passage d'une société du litige à une société du différend (3).

La distinction entre différend et litige procède de la conceptualisation du philosophe J.-F. Lyotard dans son livre intitulé « *Le différend* » : « *à la différence d'un litige, un différend serait un cas de conflit entre deux parties (au moins) qui ne pourrait pas être tranché équitablement faute d'une règle de jugement applicable aux deux argumentations »* [177]. Comme l'avait également analysé M. Foucault *« Ce n'est pas parce qu'il y a des lois, ce n'est pas parce que j'ai des droits que je suis habilité à me défendre ; c'est dans la mesure où je me défends que mes droits existent et que la loi me respecte. C'est donc avant tout la dynamique de la défense qui peut donner aux lois et aux droits une valeur pour nous indispensable. Le droit n'est rien s'il ne prend vie dans la défense qui le provoque ; et seule la défense donne, valablement, force à la loi. Dans l'expression « Se défendre », le pronom réfléchi est capital. Il s'agit en effet d'inscrire la vie, l'existence, la subjectivité et la réalité même de l'individu dans la pratique du droit ».*

Plus largement, la distinction de J.-F. Lyotard entre litige et différend permet de rendre compte de la tension entre la Déclaration de 1789 et celle de 1948 : « *le clivage du destinateur de la Déclaration en deux entités, nation française et être humain, correspond à l'équivocité de la phrase déclarative : elle présente un univers philosophique et coprésente un univers historico-politique. … Désormais, on ne saura plus si la loi ainsi déclarée est française ou humaine, si la guerre menée est de conquête ou d'émancipation… La confusion permise par les Constituants et promise à se propager à travers le monde historico-politique fera de tout conflit national ou international un différend insoluble sur la légitimité de l'autorité* »[178] .

J.-F. Lyotard éclaire ainsi la tension permanente qui structure ce texte dans le champ politique. Son déplacement dans le champ juridique avec, depuis 1948, l'ajout du champ lexical de l'universel transpose à l'identique cette tension. C'est en cela que le litige devient différend : les personnes convaincues de leur bon droit ne peuvent admettre la décision qui les condamne. Une personne qui inscrit son action en justice dans une logique d'expression ayant pour fondement la Déclaration universelle se réfère à un ordre qui relève d'un registre distinct. La société du différend, c'est un peu comme si le juge devait trancher en permanence le conflit entre

---

177. J.-F. Lyotard, *Le différend*, ed. Minuit, 1983, p. 9.
178. Idem p. 212.

Antigone et Créon, soit la hantise de Hegel lorsqu'il commente dans « La phénoménologie de l'esprit » la pièce de théâtre de Sophocle. On comprend alors que, face à cette tension, tente d'émerger une autre logique, celle des accommodements raisonnables (4).

1) Ce que nous enseigne la jurisprudence

Nous avons montré que les juges français divergent sur l'appréciation de l'effet direct du Pacte dans l'ordre interne : effet direct fondé sur la primauté des textes internationaux sur le droit interne pour le juge judiciaire ; effet direct plus nuancé selon les termes utilisés dans l'article du Pacte invoqué au contentieux pour le juge administratif. En outre, comme l'invocation d'autres textes permet d'éluder cette discussion, le Pacte n'est finalement pas vraiment intégré dans les raisonnements des justiciables. A partir de la base de données Legifrance[179], nous avons pu dénombrer une quarantaine d'arrêts, les deux ordres de juridictions confondus. Leur étude illustre, encore et toujours, la difficulté d'accepter de consacrer expressément les droits économiques et sociaux tels qu'énoncés par le Pacte :

- **ordre judiciaire :** dans bien des cas, le PIDESC est invoqué par le justiciable dans les moyens de cassation qu'il soulève mais ce moyen n'est pas repris dans le corps de l'arrêt ; dans d'autres cas, le moyen est repris mais la réponse apportée par le juge l'ignore complètement. Par exemple, l'article 7 relatif au droit de toute personne d'avoir des conditions de travail décentes avait été invoqué pour contester la situation des travailleurs dans les prisonniers. Pour la Cour de cassation, « *il résulte de l'article 717-3 du code de procédure pénale que les relations de travail des personnes incarcérées ne font pas l'objet d'un contrat de travail et de l'article L. 3141-1 du code du travail que seul un salarié a droit chaque*

179. https://www.legifrance.gouv.fr/affichJuriJudi.do?idTexte=JURITEXT000007038205

année à un congé payé à la charge de l'employeur ; qu'il s'ensuit que les dispositions du code du travail visées par le moyen n'étant pas applicables au litige »[180]. Or, l'article 7 n'implique nullement l'existence d'un contrat de travail ; qui plus est, il est censé primer sur la loi. Malgré cela, le moyen n'a pas été examiné. Le bilan judiciaire se révèle finalement, derrière l'affirmation de principe de l'effet direct du PIDESC, très décevant.

- **ordre administratif :** le PIDESC reste peu invoqué – l'arrêt le plus récent date du 13 février 2013 et n'apporte rien de particulier. Dans l'ensemble, les deux Pactes sont invoqués indistinctement. Mais, pratiquement, les requérants usent d'autres moyens et obtiennent gain de cause indépendamment du Pacte. Ainsi de la motivation de cet arrêt du 23 novembre 2015, « *En l'absence de texte particulier, il appartient en tout état de cause aux autorités titulaires du pouvoir de police générale, garantes du respect du principe constitutionnel de sauvegarde de la dignité humaine, de veiller, notamment, à ce que le droit de toute personne à ne pas être soumise à des traitements inhumains ou dégradants soit garanti. Lorsque la carence des autorités publiques expose des personnes à être soumises, de manière caractérisée, à un traitement inhumain ou dégradant, portant ainsi une atteinte grave et manifestement illégale à une liberté fondamentale, et que la situation permet de prendre utilement des mesures de sauvegarde dans un délai de quarante-huit heures, le juge des référés peut, au titre de la procédure particulière prévue par l'article L. 521-2 du code de justice administrative, prescrire toutes les mesures de nature à faire cesser la situation résultant de cette carence »*[181]. Bref, les principes du PIDESC sans les articles.

---

180. Cass. Soc. 18 mars 2016, 14-25870. https://www.legifrance.gouv.fr/affichJuriJudi.do?oldAction=rechJuriJudi&idTexte=JURITEXT000032270238&fastReqId=993737221&fastPos=1

On mesure ici la différence substantielle entre la reconnaissance d'un droit et sa portée pratique lors d'un contentieux. Comparativement, le rapport du Comité inscrit les droits dans une dynamique au sein de laquelle la critique politique utilise l'apparence de la formulation juridique.

2) Ce que nous enseigne le rapport du Comité des droits économiques, sociaux et culturels

Nous examinerons ci-après le rapport du Comité des droits économiques et sociaux du 13 juillet 2016.

En premier lieu, les considérations dépassent la simple analyse juridique. D'un point de vue de sociologie administrative, nous dirions que, dans un contexte de concurrence des sources et des institutions comme le Conseil des droits de l'homme ou l'O.I.T., le Comité cherche à maintenir la référence de principe au PIDESC : « *Le Comité engage l'État partie à prendre des mesures visant à uniformiser la pratique juridique quant à l'applicabilité du Pacte par ses juridictions nationales, s'appuyant sur la jurisprudence de la Cour de cassation en la matière, ainsi que sur la décision du Conseil d'État. Il recommande notamment de sensibiliser les juges, les avocats et le public à la justiciabilité des droits économiques, sociaux et culturels et à la possibilité d'invoquer les dispositions du Pacte en justice* ».

En second lieu, les critiques portent expressément sur les choix politiques du gouvernement français. Par exemple, « *le Comité regrette le niveau de l'aide au développement de l'État partie, qui est inférieur à l'objectif convenu au niveau international de 0,7 % du PNB.... Le Comité recommande à l'État partie de surveiller l'effectivité*

---

181. C.E., 23 novembre 2015 :
394540.https://www.legifrance.gouv.fr/affichJuriAdmin.do?oldAction=rechJuriAdmin&idTexte=CETATEXT000031938075&fastReqId=852639471&fastPos=1

des divers dispositifs au bénéfice des chômeurs et des entreprises, comme la garantie-jeunes et le plan de lutte contre le chômage de longue durée, et ceux prévus par la loi de sécurisation de l'emploi de 2013, en matière d'accès par les populations cibles mais également de recrutement et de création d'emploi. Le Comité appelle l'État partie à assumer pleinement ses obligations au regard du Pacte dans le cadre de la négociation et de la mise en oeuvre des accords commerciaux et d'investissement bilatéraux et multilatéraux ». On rappellera toutefois qu'en droit international, le respect des accords dépend du principe de réciprocité. Or, l'appréciation ici portée élude complètement cette question.

En troisième lieu, il est symptomatique de constater une rubrique du rapport consacré à la Responsabilité Sociale des entreprises. Pourtant, cette notion n'a aucun lien avec le PIDESC ; en outre, elle tend à s'inscrire dans une logique non-contentieuse alors que le rapport érige en premier objectif le renforcement de la justiciabilité des droits ; enfin, le rapport interprète la notion de responsabilité sociale dans un sens bien distinct de celui que nous avons dégagé à partir des textes – « *À cet égard, il l'incite à accélérer le processus conduisant à l'adoption d'une loi imposant à ces entreprises une obligation contraignante de devoir de vigilance en matière de droits de l'homme, et garantissant aux victimes de violations des droits de l'homme dues aux activités à l'étranger de ces entreprises l'accès à des recours auprès des juridictions de l'État partie* ».

En quatrième lieu, le Comité encourage dans ses recommandations l'État à renoncer toujours davantage à ses prérogatives en matière de souveraineté. Ainsi, il l'incite :

- *à reconnaître les compétences du Comité au titre de l'article 10 sur les communications interétatiques et de l'article 11 sur la procédure d'enquête du Protocole facultatif se rapportant au Pacte ;* - l'État est ici critiqué d'avoir usé d'une des prérogatives reconnues par le Protocole !

- à envisager de signer et de ratifier la Convention internationale sur la protection des droits de tous les travailleurs migrants et des membres de leur famille ; - l'État est ici critiqué de maintenir une distinction entre immigration régulière et immigration irrégulière.

- à reconnaître et de promouvoir le droit des personnes appartenant à des groupes linguistiques régionaux ou minoritaires et, dans les DROM-COM, des peuples autochtones de pratiquer leur propre langue, en tant qu'élément de leur droit à participer à la vie culturelle, non seulement dans leur vie privée mais également dans la vie publique, dans les régions où les langues régionales sont traditionnellement parlées ; - l'État est ici critiqué dans son essence même : être une République une et indivisible dont la langue est le français.

En cinquième lieu, le Comité marque une nette opposition aux évolutions du droit du travail français : *Le Comité est préoccupé par les dérogations à des protections acquises en matière de conditions de travail proposées dans le projet de loi travail (projet de loi visant à instituer de nouvelles libertés et de nouvelles protections pour les entreprises et les actifs), y compris pour accroître la flexibilité du marché du travail, sans qu'il ne soit démontré que l'État partie a considéré toutes les autres solutions possibles (art. 6 et 7).*

25. Le Comité engage l'État partie à s'assurer que les dispositifs proposés pour accroître la flexibilité du marché du travail n'ont pas pour effets la précarisation du travail et la diminution de la protection sociale du travailleur. Il l'exhorte également à s'assurer que toute mesure rétrograde concernant les conditions de travail :

a) Est inévitable et pleinement justifiée eu égard à l'ensemble des droits du Pacte, compte tenu de l'obligation de l'État partie de viser la pleine réalisation de ces droits au maximum de ses ressources disponibles ;

b) Est nécessaire et proportionnée à la situation, c'est-à-dire que l'adoption de toute autre mesure, ou l'absence de mesures, aurait des effets encore plus néfastes sur les droits visés par le Pacte ; et

c) N'est pas discriminatoire et ne touche pas de manière disproportionnée des personnes et des groupes défavorisés et marginalisés.

26. Le Comité renvoie l'État partie à son observation générale no 23 (2016) sur le droit à des conditions de travail justes et favorables.

Droits syndicaux

27. Le Comité déplore les actes de représailles contre les représentants syndicaux signalés. Il constate aussi avec inquiétude que l'espace démocratique de négociation des conventions collectives s'amenuise (art. 8).

28. Le Comité engage l'État partie à prendre des mesures efficaces de protection des personnes engagées dans des activités syndicales, et de prévention et de répression de toute forme de représailles. Il l'engage également à assurer l'effectivité de la négociation collective et du droit de bénéficier d'une représentation syndicale conformément aux normes internationales afin de protéger les droits des travailleurs en matière de conditions de travail et le droit à la sécurité sociale.

Pratiquement, le Comité soulève de jure la non-conformité des textes promouvant une énième réforme du droit du travail. Comme il promeut la justiciabilité des droits, le message est simple : justiciables, emparez du Pacte pour en faire un instrument contentieux systématique !

Même si ce rapport ne contient pas de mesures contraignantes, conformément à ses engagements internationaux, l'État français est obligé de présenter un nouveau rapport d'ici 2021 dans lequel sera fait mention des différentes avancées au regard des recommandations ici formulées. On peut donc s'attendre à un rapport très critique. Ou comment les thuriféraires de l'Europe comme des droits de l'homme vantent une politique qui n'est juridiquement possible que si la France se désengage de ses engagements internationaux. Nouvelle contradiction à rajouter à l'édifice déjà solide de toutes celles déjà relevées jusqu'à maintenant.

C'est pourquoi, il faut se demander si les contradictions ne trouvent pas dans une extension du droit pénal un mode de dépassement.

3) Vers une extension du droit pénal ?

Le droit pénal est, par définition, l'expression d'un travail législatif en raison du principe de légalité qui traduit, par le biais de l'échelle des peines pouvant être infligées à la suite d'une infraction, la gradation que la société a effectuée quant à la dangerosité du comportement de l'individu. Cette dimension intrinsèque permet, à l'époque d'E. Durkheim comme maintenant, d'estimer que le droit pénal est le reflet des mœurs de la société. Le constat des changements de modalités de punition constitue d'ailleurs un élément déterminant dans l'identification du passage d'une solidarité mécanique à une solidarité organique.

L'approche durkheimienne repose schématiquement sur une quantification des peines pour caractériser les changements d'une société à l'aune du droit pénal et de la distinction entre droit répressif et droit restitutif. Le passage d'une solidarité mécanique à une solidarité organique correspond à un changement dans la nature des peines et dans le poids grandissant du droit restitutif dans la régulation du lien social. Une critique classique consiste à relever que le développement de la solidarité organique ne met pas forcément fin à la solidarité mécanique, ce qui oblige à approfondir la compréhension du lien social d'un point de vue moins global et davantage centré sur les interactions entre les individus. La conceptualisation proposée par E. Durkheim et prolongée dans d'autres travaux présente ici, malgré ses limites, une différence fondamentale avec la démarche de M. Weber qui autonomise le droit au point de ne pas différencier systématiquement le droit pénal du droit civil : elle nous oblige à réfléchir sur la signification à accorder à la place que le droit pénal occupe dans notre société. L'expansion du droit pénal dans notre société contemporaine dont les fondements affirmés sont les droits de l'homme correspond à une société du différend et non du litige.

En premier lieu, dans une société du litige, le recours à la sanction pénale est la conséquence d'un phénomène déviant. La dénonciation de la dérive sécuritaire repose sur la critique de l'assimilation des problèmes sociaux à des situations de déviance nécessitant un traitement pénal ; elle maintient donc l'illusion d'une société du litige.

Pour autant, si la sanction pénale est le corollaire de la logique des droits de l'homme et du principe de non-discrimination, le droit pénal devient alors un autre mode de résolution des conflits. Il est à ce titre de plus en plus fréquent que des comportements répréhensibles puissent faire l'objet tant de sanctions civiles que de sanctions pénales. C'est le cas par exemple des discriminations ou du harcèlement sexuel ou moral en droit du travail. Le déplacement du contentieux civil vers le pénal est plus largement attesté par le renforcement des garanties des individus. A titre d'illustration, l'affirmation absolue d'un principe de droit à la vie privée du salarié dans l'entreprise contre la possibilité pour l'employeur de disposer des informations personnelles contenues sur l'ordinateur professionnel a justifié que le salarié soit à présent poursuivi au pénal pour abus de confiance. Le droit pénal en tant que tel reflète peut-être les valeurs d'une société ; la substituabilité avec la norme civile, les différents débats techniques sur la possibilité de cumuler une action au civil et au pénal, tendent plutôt à montrer que l'expression de ces valeurs dépend pour une large part de la manière dont les individus les perçoivent. A une argumentation en termes de droits de l'homme succède une argumentation pénale en raison de la force symbolique que la norme pénale continue d'incarner : le juge pénal ne se prononce pas sur la validité des prétentions mais tranche entre deux qualifications antagonistes : coupable ou victime. L'antagonisme des qualifications pénales se substitue à l'antagonisme des thèses en présence soutenues par les parties au conflit.

En second lieu, le procès pénal permet de clore l'impossible dialogue en raison de la dangerosité de sa propagation, ce qui n'empêchera pas la personne condamnée de s'estimer victime d'une atteinte aux droits de l'homme.

Il est certes bien évident que la facette judiciaire d'un conflit a pu prendre à travers l'histoire récente une dimension médiatico-politique notamment en matière pénale. C'est par exemple le cas de l'affaire Dreyfus, des procès durant la guerre d'Algérie des porteurs de valises ou des procès relatifs à la loi anti-avortement. La dynamique n'est cependant pas la même que celle décrite par le philosophe J.-F. Lyotard. A chaque fois, l'impossibilité d'aller contre une décision de justice nécessite une médiatisation pour aboutir à une solution politique. Nous sommes sur des cas extrêmes ; la logique de rupture avec l'argumentation juridique classique théorisée par l'avocat J. Verges pour dénoncer les conditions mêmes du procès reste l'exception[182]. Aussi, dans tous les cas précités, le législateur change la loi, le pouvoir est à l'origine d'une procédure spéciale, ce qui permet la clôture de l'affaire.

Dans la société du différend, nous partons d'un conflit qui oppose deux conceptions radicalement antagonistes des enjeux de la solution qui peut être rendue. Le débat sur l'avortement peut

---

182. J. Verges, *De la stratégie judiciaire*, Minuit, 1968. La présentation est éloquente : « *En matière de défense politique, il y a toujours eu deux méthodes : les procès de connivence (Dreyfus, Challe) ou les procès de rupture (Socrate, Jésus). Les premiers sauvaient leur tête, les seconds gagnaient leur cause ; la nouveauté, c'est qu'aujourd'hui ils peuvent en outre sauver leur tête* ».

constituer ici un exemple type. Le Conseil constitutionnel a refusé de censurer la loi sur le fondement de l'article 2 de la Déclaration des droits de l'homme de 1789[183]. Les opposants ont continué de manifester leur opposition. En 1993, le législateur adopte une norme pénale pour mettre fin au débat impossible et réprimer les manifestations des opposants dans les hôpitaux pratiquant les avortements : le délit d'entrave à l'interruption volontaire de grossesse. Ces conceptions antagonistes renvoient, à présent, de façon récurrente, aux différences de logique entre la Déclaration de 1789 et celle de la Déclaration de 1948. Faute de pouvoir arbitrer, le législateur adopte une norme pénale qui fixe les positions à un moment donné tout en sachant parfaitement que la solution adoptée n'est peut-être que transitoire.

Quoi qu'il en soit, si la logique de différend pouvait être présente dans une société de litige, il n'y a pas de raison que la logique du litige puisse continuer de se manifester dans une société de différend en dépit d'un changement d'ensemble du droit positif[184]. Nous sommes en présence d'une tension permanente dont la référence aux accommodements raisonnables sur laquelle nous reviendrons se veut un mode de résolution.

Tout au moins, et c'est peut-être un troisième facteur de la pénalisation de la société contemporaine, la norme pénale, dans sa composante actuelle, n'admet pas les dérogations. Le droit pénal est l'incarnation de la dimension universelle des droits de l'homme, c'est-à-dire le principe de légitimité qui s'est substitué à la légitimité

---

183. Décision n° 74-54 DC du 15 janvier 1975.

184. Cf E. Durkheim, *De la division du travail social*, 1893, ed. uqac, note 46, fin du livre 3 : « *Mais il peut très bien se faire que, dans une société en particulier, une certaine division du travail et, notamment, la division du travail économique, soit très développée, quoique le type segmentaire y soit encore assez fortement prononcé (...)* Et l'auteur de conclure : *Le principe que nous avons posé est donc vrai d'une manière très générale, et cela suffit à notre démonstration* ».

religieuse[185]. N'est-ce pas en effet le droit pénal non distinguable du droit civil qui caractérise une législation d'inspiration religieuse avec son échelle de châtiments corporels[186] ? Historiquement d'ailleurs, le mouvement des Lumières a pour figure centrale le juriste Beccaria, auteur du traité *Des délits et des peines*. La structure même du droit pénal avec son échelle des peines fondée sur l'idée de réhabilitation du délinquant caractérise la norme détachée de la religion – il n'y a pas de prédestination dans le droit pénal.

Ainsi, le droit pénal, loin d'être le simple reflet des valeurs de la société, devient dans la société du différend, la norme qui traduit les conflits de valeurs dans la société[187]. Nous avons identifié trois causes à cette mutation : l'extension du principe de non-discrimination au nom des droits de l'homme ; la nécessité de trancher le différend afin de mettre fin au conflit ; la logique même de la modernité qui a détaché le droit pénal de sa structuration religieuse pour le rattacher aux droits de l'homme.

A ces éléments s'ajoute un phénomène distinct : la violence en raison du fait que, dans un État de droit, elle doit logiquement générer une réaction d'autant plus que les comportements violents ont toujours fait l'objet d'une répression. A titre d'illustration, la répression du harcèlement n'est plus à un lieu ; elle a vocation à intervenir en tous lieux.

Le différend a pour fondement l'incompréhension réciproque et la défiance à l'égard de la norme commune. Si les individus ne croient

---

185. Cf sur cette présentation dont nous ne partageons que l'expression, M. Gauchet, *Du bon usage des droits de l'homme*, Le Débat, n° 153, 2009, p. 163-168.
186. Cf E. Durkheim, op. cit.
187. Nous pouvons voir la même logique se déployer à l'échelon international avec le recours à la Cour pénale internationale. Les pays de la Ligue arabe, très influents au sein des Nations Unies refusent massivement d'adhérer au traité de Rome, le droit pénal étant effectivement la traduction des droits de l'homme.

plus en la justice, ils deviennent plus enclins à la violence ; si les salariés se rendent compte que le recours à la grève ne leur permet plus d'obtenir satisfaction alors ils basculent dans la violence.

Dans la société du différend, tout conflit se double d'un conflit institutionnel : chaque individu dispose de la faculté de contester la norme applicable devant n'importe quel juge ; le juge devient l'organe susceptible de trancher juridiquement des questions politiques comme en témoigne le passage des droits de l'homme d'un champ à un autre. Il y a donc un déplacement institutionnel qui matérialise le processus de dépolitisation résultant de la mutation des droits de l'homme en règles juridiques et qui se traduit par un processus permanent de judiciarisation. Ce déplacement induit à terme une modification des règles relatives au fonctionnement de l'institution judiciaire – les discussions permanentes sur la réforme de la procédure pénale sont l'expression de cette évolution.

Dans la société du différend, le droit pénal change de fonction. Il est toujours possible d'y lire le reflet des valeurs de notre société. Son utilisation par les individus, son déploiement quotidien en raison du principe de non-discrimination érigent toutefois cette branche du droit en l'un des éléments majeurs de la société du différend par opposition à la société du litige dont les fluctuations en cette matière relèvent des problèmes sécuritaires. A un conflit sur lequel les parties ne peuvent se mettre d'accord tant sur la solution que sur les règles à même d'y mettre fin, le droit pénal substitue une logique binaire imparable : soit la personne est coupable, soit elle est victime.

Qui dit extension du droit pénal renvoie non seulement à l'évolution de l'État mais aussi à celle de la société : le substrat social se modifie, la dimension politique des relations également. C'est pourquoi, même si l'articulation peut paraître artificielle en raison des interactions permanentes entre les institutions et les individus, les distinctions institutionnelles ont pour pendant de fortes distinctions substantielles entre la société du litige et la société du différend. Dans ce contexte, la référence aux accommodements raisonnables peut être lue comme une tentative de ramener les différends dans une dynamique de litige.

4) Vers les accommodements raisonnables ?

Les accommodements raisonnables constituent à l'origine un standard juridique dégagé par le juge canadien pour préciser les obligations de l'employeur en matière de respect des droits des salariés notamment en matière de pratique religieuse[188]. L'expression largement popularisée à la suite des travaux de la Commission Bouchard-Taylor[189] permet aujourd'hui de désigner une conception concrète du principe d'égalité en tant que vecteur de prise en compte des différences existant entre les individus. Pour reprendre la présentation d'un auteur, « *de moyen visant à rétablir l'égalité dans une situation concrète et individualisée de discrimination, l'accommodement raisonnable semble être devenu un terme générique désignant l'ensemble des arrangements auxquels aboutit la « gestion » des conflits de valeurs ou de droits, particulièrement dans les rapports*

---

188. Commission ontarienne des droits de la personne (O'Malley) c. Simpsons-Sears, [1985] 2 R.C.S. 536, spéc. p. 553-554 : « *La question (de l'accommodement) n'est pas exempte de difficultés. La thèse selon laquelle chaque personne devrait être libre d'adopter la religion de son choix et d'en observer les préceptes ne pose aucun problème. (...) Le problème se pose lorsqu'on se demande jusqu'où peut aller une personne dans l'exercice de sa liberté religieuse ? À quel moment, dans la profession de sa foi et l'observance de ses règles, outrepasse-t-elle le simple exercice de ses droits et cherche-t-elle à imposer à autrui le respect de ses croyances ? (...) Pour situer la question dans le contexte particulier de l'espèce : dans sa volonté honnête de pratiquer sa religion, dans quelle mesure une employée peut-elle forcer son employeur à se conformer dans la gestion de son entreprise à ses pratiques ou à faire en sorte qu'elles soient respectées ? Jusqu'où, peut-on se demander, peut-on exiger la même chose de ses camarades de travail et, quant à cela, du public en général ?* ».

189. G. Bouchard, C. Taylor, *Fonder l'avenir, Le temps de la conciliation*, gouvernement du Québec, 2008.

interculturels »[190]. Cette démarche est parfaitement en phase avec les développements juridico-sociaux contemporains ; elle présente des caractéristiques en tous points transposables à la situation française.

En premier lieu, initiée par la jurisprudence, la généralisation de la démarche à tous les échelons de la société a favorisé l'émergence de procédures non-contentieuses. L'une des principales missions de la Commission des droits de la personne et de la jeunesse au Canada consiste à émettre des avis et des recommandations afin d'éviter que le conflit n'adopte une formulation juridique. De cette façon, la Commission essaie d'éviter que le conflit ne s'exprime en termes de différend.

Par exemple, la demande d'accommodement raisonnable visant à imposer que la photographie d'identité mise sur la carte d'assuré social soit par principe prise par un agent de sexe féminin est rejetée sur le fondement suivant : la cliente ne peut obtenir une prestation de soin qu'après vérification visuelle de son identité, celle-ci pouvant indifféremment être le fait d'un membre du personnel masculin ou féminin. Il n'est donc pas possible d'estimer que la simple prise de photographie par un agent de sexe masculin constituerait au niveau de la Régie une atteinte au droit pour un individu de pratiquer sa religion. Ainsi, « *pour respecter la liberté de religion d'une personne, une directive peut prévoir des accommodements qui pourront être offerts mais elle ne doit pas présumer que toute personne portant un symbole religieux requerra un accommodement* »[191]. Il y a donc ici, à travers ces différentes recommandations, une véritable redéfinition de l'articulation entre

---

190. P. Bosset, *Les fondements juridiques et l'évolution de l'obligation d'accommodements raisonnables*, in *Les accommodements raisonnables : quoi, comment, jusqu'où ?, Des outils pour tous*, Éditions Yvon Blais, 2007, Introduction.
191. Avis sur les directives de l'assurance-maladie du Québec en matière d'accommodements raisonnables rendu par la Commission des droits de la personne et de la jeunesse en mars 2010 p. 20.

sphère publique et sphère privée avec une nuance importante : ce n'est pas le juge qui, cette fois, est en charge d'effectuer ce partage ; c'est un organe administratif qualifié d'indépendant. Autrement dit, pour éviter que s'exprime la logique du différend, l'État a vocation à dissoudre ses prérogatives dans des autorités administratives indépendantes, pour reprendre l'expression consacrée en droit français.

Comparée à l'évolution du droit français, l'attribution par le législateur de l'appellation autorité administrative indépendante concerne à l'origine des organes qui ont pour mission d'apprécier et d'édicter des règles nécessaires à certaines activités techniques comme la banque ou l'assurance. Pour reprendre la distinction d'un auteur, ces autorités marquent le passage d'une approche en termes de réglementation à une approche en termes de régulation, la différence se situant entre autres dans la faculté plus aisée dans le premier cas d'adapter la norme aux différentes situations[192]. A présent, il n'y a pas un seul domaine qui échappe à la compétence de ces autorités. Le Sénat français a même suggéré de distinguer entre celles qui ont pour mission la régulation de l'activité économique de celles qui seraient des «*protecteurs du lien social*»[193] à l'instar du Haut Conseil de l'intégration. Bref, France comme Canada cherchent à présent à dépasser la dimension judiciaire du litige pour lui conférer une simple dimension administrative.

Dans un cas comme dans l'autre, peut-être faut-il voir dans cette tendance l'impact de la médiatisation des affaires en matière de droits de l'homme. Les contentieux deviennent des objets médiatiques en raison de leur forte densité symbolique : la

---

192. A.Supiot, *Critique de la régulation*, préface de l'édition Quadrige de *Critique du droit du travail*, Paris, Puf, 2002.
193. Rapport de l'office parlementaire d'évaluation de la législation n° 404 (2005-2006) de M. Patrice GÉLARD, fait au nom de l'Office parlementaire d'évaluation de la législation, déposé le 15 juin 2006, p. 130.

contestation des règles de la majorité ; l'obligation faite au juge de se prononcer sur des symboles religieux ou sur l'atteinte au droit à la vie privée. Ce point est expressément mentionné dans le rapport Bouchard-Taylor[194] au titre des justifications avancées pour promouvoir les accommodements raisonnables. Les médias ont, dans ces différentes affaires dont certaines au Canada sont pour le moins surprenantes[195], exposé la dimension politique de la question juridique soulevée devant les juges et ont créé, toujours pour reprendre les termes du rapport Bouchard-Taylor, « *une crise des perceptions* »[196]. A l'inverse, devant une commission administrative, les parties ne sont pas là pour s'affronter et obtenir un satisfecit du juge. Elles viennent uniquement exposer leurs points de vue, ce qui marque un nouveau seuil de la dépolitisation des sociétés contemporaines[197]. A s'en tenir au droit français, nous soulignerons que nombre d'autorités administratives indépendantes disposent d'une compétence normative mais également répressive : l'atténuation de l'expression de différends ne remet donc pas forcément en cause le phénomène concomitant de recours toujours plus croissant à la logique répressive pour régler les problèmes

194. Op. cit. p. 15.

195. Voici la présentation de l'affaire du kirpan par la Commission Bouchard-Taylor, op. cit. p. 65 : « *Pour les sikhs, le kirpan (un couteau d'une longueur de 20 cm) représente effectivement un objet symbolique : il n'a donné lieu à aucun incident violent à l'école dans toute l'histoire du Canada. Selon la décision rendue, l'arme devait être portée de telle manière qu'elle ne présente aucune menace (scellée, enfouie sous les vêtements et vérifiée périodiquement par l'école). Par ailleurs, d'autres objets tout aussi dangereux sont admis à l'école (ciseaux, compas, patins, bâtons de baseball...). L'entente que le tribunal a ordonnée était à peu de chose près celle que l'école, au départ, avait conclue avec la famille de l'élève. Enfin, l'éducation au pluralisme faisant partie de la mission de l'école, l'obligation religieuse de porter le kirpan aurait dû être mieux expliquée à ceux qui s'y opposaient* ».

196. Id.

197. Ce phénomène touche aujourd'hui toutes les sphères politiques. La nomination d'une commission pour réfléchir sur des problèmes politiques comme le cumul des mandats en donne une illustration saisissante.

quotidiens. A la limite, ce serait davantage une autre manifestation de l'État pénal avec en prime une éventuelle atténuation des garanties judiciaires.

En second lieu, la démarche d'accommodements raisonnables peut être interprétée comme une manière d'atténuer le choc culturel résultant des contacts d'un individu en dehors de sa communauté naturelle. S'impose l'idée que la pédagogie sera suffisante pour que chacune des parties en présence accepte des compromis par rapport à ses exigences. A l'extension des procédures d'arbitrage au sein de la communauté répondrait le recours toujours plus grand au contrat de transaction pour les relations inter-communautaires. Comme l'explique le rapport, « *si certains comportements et attitudes favorisent l'émergence de solutions mutuellement satisfaisantes, d'autres peuvent entraîner la fermeture, le raidissement des positions et, ultimement, la judiciarisation du processus. Parmi les repères éthiques qui devraient guider toute négociation, citons l'ouverture à l'autre, la réciprocité, le respect mutuel, la capacité d'écoute, la bonne foi, la capacité à faire des compromis, la volonté de s'en remettre à la discussion pour dénouer les impasses. L'instauration d'une culture du compromis repose en grande partie sur tous ces éléments qui favorisent la coordination des actions ainsi que la résolution pacifique et concertée des différends* » [198]. Bref, il faut à présent tenter de déjudiciariser les conflits pour mieux les régler[199], ce qui rejoint la dynamique des principes John Ruggie : le consentement cristallise ainsi tout à la fois le développement du communautarisme et la méthode de résolution des conflits.

---

198. Op. cit. p. 57. Quand bien même C. Taylor critique les thèses de J.-F. Lyotard, dans son ouvrage, *Les sources du moi, la formation de l'identité moderne*, Seuil, 1998, p. 610-611, il utilise le terme différend exactement dans le sens que lui a donné... J.-F. Lyotard.

199. Au passage, si effectivement il y a un problème à laisser le juge devenir l'organe central qui tranche les questions politiques, ce processus participe en outre de la défiance plus générale que philosophes et sociologues ont tendance à exprimer à l'encontre de la jurisprudence.

Démarche de dépolitisation, démarche de négociations, la recherche d'accommodements raisonnables découle de la généralisation du principe de non-discrimination qui n'est pas, contrairement à la représentation classique, le corollaire du principe d'égalité mais la justification du maintien de l'individu dans sa condition de minorité. La réflexion contemporaine sur la citoyenneté menée par C. Taylor détachée de la nationalité dans une société multiculturelle consacre tout à la fois le projet de la Déclaration universelle de 1948 que l'expression contemporaine du processus de dépolitisation auquel est confrontée la société moderne[200].

En parallèle, l'institutionnalisation du multiculturalisme a, comme pour la laïcité, connu un basculement entre un choix politique préalablement défini et un déploiement par l'invocation des droits de l'homme qui pose en permanence la question des limites de la reconnaissance des droits des minorités. Dans ce cadre, il ne faut pas exclure que cette dynamique conduise au communautarisme avec pour corollaire l'adoption de règles indifférenciées ou de statuts particuliers visant à ce que les différends redeviennent des litiges. Ce processus ne prend sens que par son rattachement à

---

200. Cf C. Taylor, *Le pluralisme et le dualisme*, in A.-G. Gagnon (dir.), *Québec : État et société, Montréal, Québec/Amérique*, 1994, p. 82 cité par J.-L. Gignac, *Sur le multiculturalisme et la politique de la différence identitaire : Taylor, Walzer, Kymlicka*, Politique et Sociétés, vol. 16, n° 2, 1997, p. 31-65, spéc. p. 35 : « *Un peu partout dans notre monde, les différences ressemblent en degré et en nature à celles qui règnent au Canada plutôt qu'aux États-Unis. Si un modèle de citoyenneté uniforme correspond davantage à l'image classique de l'État occidental libéral, il est aussi vrai qu'il constitue une camisole de force pour bon nombre de sociétés politiques. Le monde a besoin que d'autres modèles soient auréolés de légitimité, afin de permettre que des modes de cohabitation politique plus humains et moins contraignants existent. Plutôt que d'accepter la rupture au nom d'un modèle uniforme, nous nous ferions une faveur tout en servant les intérêts des autres si nous explorions la solution de la diversité profonde. Pour ceux qui apprécient que l'on accorde aux gens la liberté d'être eux-mêmes, cette solution constituerait un gain pour la civilisation* ».

l'idée que les individus sont consentants et sont ainsi à même de choisir les normes qui les régissent. La dynamique de contestation de la norme étatique se double d'une technique d'affirmation de la subjectivité : le consentement. Il en découle une corrélation entre droits de l'homme et instauration progressive d'un ordre communautariste en parfaite adéquation avec l'adhésion institutionnelle aux principes de l'économie de marché. Il n'y a nulle contradiction structurale avec la perspective retenue ici : comme cela a été montré, « *Le droit apparaît comme une figure absolument centrale, en ce qu'il rassemble – et unifie, sur le mode du compromis – les différentes régulations des cités* » [201].

201. Cf B. Karsenti, *Le capitalisme au présent. Une lecture du Nouvel esprit du capitalisme*, in *Compétences critiques et sens de la justice*, Colloque de Cerisy sous la direction de M. Breviglieri, C. Lafaye, D. Trom , Economica, 2009, p. 433.

EN GUISE DE CONCLUSION

Il n'est pas possible de conclure sur un sujet pareil pour la simple raison que l'objectif du PIDESC reste toujours d'actualité. Tout au moins rappellera-t-on ici les étapes qui, en l'espace de 50 ans, favorisent la justiciabilité des droits énoncés :

- adoption d'un Pacte dont la ratification assure une valeur normative dont ne dispose pas la Déclaration universelle des droits de l'homme ;
- adoption de conventions internationales qui renforcent la portée normative du Pacte ;
- précisions par les instances onusiennes des dispositions contenues dans le Pacte afin de faciliter leur insertion dans les ordres juridiques internes.

A cette évolution dans une dynamique classique du droit international fondée sur l'importance de la hiérarchie des normes, s'ajoute aujourd'hui une approche nouvelle qui érige les entreprises en acteurs de la promotion des droits des individus. C'est tout l'enjeu du Pacte mondial, de la notion de Responsabilité sociale des entreprises et des principes John Ruggie. Il en résulte une justiciabilité qui, à présent, a vocation à se partager entre des voies judiciaires classiques et des processus différents de réparation des atteintes aux droits de l'homme.

En parallèle, l'émergence d'une société dans laquelle les droits de l'homme deviennent le pivot de l'argumentation contentieuse comme sociétale, modifie en profondeur le lien social. Nous avons alors évoqué le passage d'une société du litige à une société du différend et la figure des accommodements raisonnables pour rendre compte de cette évolution. Le lien social se résume ici à la vaste notion de vivre ensemble, c'est-à-dire une société dans laquelle la norme n'érige plus d'idéal commun et doit seulement permettre aux individus de satisfaire leurs besoins, voire leurs désirs.

Les droits énoncés restent ainsi plus que jamais d'actualité mais leur réalisation, dans un contexte radicalement distinct de celui dans lequel ils ont été promulgués, continue d'être sujette à contestation et à réflexion.

RÉFÉRENCES

1) Les textes internationaux

1) La Déclaration universelle des droits de l'homme

2) Pacte international relatif aux droits civils et politiques

3) Pacte international relatif aux droits économiques, sociaux et culturels

4) Protocole facultatif se rapportant aux droits économiques, sociaux et culturels

5) Convention européenne de sauvegarde des droits de l'homme et des libertés fondamentales

6) Charte africaine des droits de l'homme

7) Charte arabe des droits de l'homme

8) Charte sociale européenne des droits de l'homme

2) Les principes énoncés à l'échelon international

1) Principes de Limburg

2) Déclaration et programme d'action de Vienne

3) Récapitulations des observations générales ou recommandations générales adoptées par les organes créés en vertu d'instruments internationaux relatifs aux droits de l'homme

4) Déclaration de Rio sur l'environnement et le développement

5) Pacte mondial des droits de l'homme

3) Quelques articles de doctrine

1) R. Ranjeva, *Les problèmes fondamentaux du droit international public,* 1992, bibliothèque de l'Agence Universitaire de la francophonie.

2) Journal des anthropologues, 94-95 | 2003.

3) S. Koch, *Modern' warfare–the battle for public opinion*, Défense nationale et sécurité collective, October 2006 ;

4) B. F. Alioune, *La Charte africaine des droits de l'homme et des peuples : entre universalisme et régionalisme*, Pouvoirs 2/2009 (n° 129) , p. 77-100 ;

5) E. Mazuyer, *L'application des principes du travail du Pacte mondial des Nations Unies par les entreprises françaises*, [Rapport de recherche] CNRS. 2009, https://halshs.archives-ouvertes.fr/halshs-01068318/document

6) D. Roman, *La justiciabilité des droits sociaux ou les enjeux de l'édification d'un État de droit social,* La Revue des droits de l'homme, 01/2012 ;

7) N. Cuzacq, *Le cadre normatif de la RSE, entre soft law et hard law,* 2012, https://halshs.archives-ouvertes.fr/hal-00881860/document

8) A. D., Olinga, *La première décision au fond de la Cour africaine des droits de l'homme et des peuples, (Arrêt du 14 juin 2013 sur les affaires jointes Tangayika Law Society & The Legal and Human Rights Centre c. Tanzanie et Révérend Christopher R. Mtikila c. Tanzanie).* La Revue des droits de l'homme, 6 | 2014.

À PROPOS DE L'AUTEUR

Jacques Amar est Docteur en droit, Docteur en sociologie et Maître de conférences à l'université Paris-Dauphine HDR.

Il est également le cofondateur du site :

www.mesheuressup.fr

TABLE DES MATIÈRES

Introduction..5

Préliminaire : Sur la nécessité d'une approche sociologique des droits de l'homme..9

Chapitre I : Origine et débats sur la valeur des droits économiques, sociaux et culturels..15

1) Les droits économiques, sociaux et culturels ont-ils la même valeur que les droits politiques ?..16

2) Les droits économiques, sociaux et culturels sont-ils définis de façon suffisamment précise ?..19

3) Les droits économiques, sociaux et culturels dépendent-ils de la situation économique du pays ?..25

4) La dimension culturelle des droits économiques, sociaux et culturels contredit elle leur universalité ?..27

Annexe 1 : Réflexions sur la Déclaration universelle des droits de l'homme..33

Annexe 2 : Mondialisation, droits de l'homme et État...............43

Chapitre II : Contenu du Pacte international relatif aux droits économiques, sociaux et culturels 53

1) Le droit des peuples disposer d'eux-mêmes......................................54

2) Principes généraux......................................55

3) Énonce des droits 59

4) Procédure relative au respect du Pacte......................................80

5) Distinction entre principe d'égalité et principe de non-discrimination......................................83

Annexe 3 : Les droits de l'homme, un corpus sentimental ?....105

Annexe 4 : Les droits de l'homme renforcent-ils les droits des salariés ? 111

Annexe 5 : Vers la négociabilité des droits des salariés ? Ou la confrontation entre normes comptables et droits de l'homme 121

Chapitre III : L'apport du Protocole facultatif se rapportant aux droits économiques, culturels et sociaux : le rôle du comité des droits économiques et sociaux......................................139

1) Les procédures de saisine du Comité des droits économiques et sociaux......................................141

2) Portée des dispositions contenues dans le Protocole facultatif. .148

Chapitre IV : Le Pacte international relatif aux droits économiques, sociaux et culturels au regard des autres textes composant le droit social international......................................155

1) Les autres textes relatifs aux droits économiques, sociaux et culturels......................................156

Annexe 6 : Sur l'applicabilité en droit interne de la Charte sociale......................................181

2) Les autres principes......................................183

Annexe 7 : La Responsabilité Sociale des Entreprises, renforcement ou affaiblissement des droits des salariés ?......193

Chapitre V : Le cas français : de la société du litige à la société du différend.....203

1) Ce que nous enseigne la jurisprudence.....205

2) Ce que nous enseigne le rapport du Comité des droits économiques, sociaux et culturels.....207

3) Vers une extension du droit pénal ?.....211

4) Vers les accommodements raisonnables ?.....217

En guise de conclusion.....225

Références 227

1) Les textes internationaux.....227

2) Les principes énoncés à l'échelon international.....228

3) Quelques articles de doctrine.....228

À propos de l'auteur.....231

Ce livre vous a plu ?.....236

Découvrez nos autres livres.....238

CE LIVRE VOUS A PLU ?

Aidez-nous à le faire connaître en prenant deux minutes pour laisser un commentaire sur le site Internet de la librairie où vous avez acheté le livre.

Grâce à ces quelques mots qui font toujours plaisir, vous aidez les auteurs indépendants et contribuez aussi à convaincre d'autres lecteurs de découvrir le livre et l'auteur.

D'avance merci pour votre aide !

Dépôt légal : novembre 2017

ISBN (version papier) : 978-2-37692-053-3
ISBN (versions numériques) : 978-2-37692-054-0

www.ingramcontent.com/pod-product-compliance
Lightning Source LLC
LaVergne TN
LVHW100222051026
849558LV00036BA/497
9782376920533